菊間ひろみ

英語を学ぶのは40歳からがいい

うの習慣で力がつく驚異の勉強法

GS
幻冬舎新書
223

まえがき

私はこれまで多くの社会人に英語を教えてきました。そのとき、必ずといっていいほど耳にする言葉があります。

「記憶力が衰えているのに、いまさら英語を勉強しても身につくのでしょうか？」

だれもが私にそう質問してくるのです。どういうわけか皆さん、**大人になると英語が身につかないと思い込んでいます**。英語を暗記科目だと思っているからでしょうか。

はっきり断言しましょう。そんなことはありません。**むしろ40歳を過ぎてから英語を学ぶほうが力はつきます**。

私は高校でも英語を教えていますが、いくら若くて記憶力がよくても英語が上達するわけではありません。もちろん個人差はありますが、生徒の多くは義務感で学んでいるからです。確かに記憶力はいいので、試験前にチャチャッと暗記して高得点を取ることはありますが、使える英語にはなりません。記憶力だけでは英語は身につかないのです。また20代の若者は好奇心旺盛で、英語以外のいろんなこと（慣れない仕事や趣味、恋愛等々）に興味がわくため、集中力がとぎれやすく、それも英語が身につきにくい一因となります。

一方、40歳の社会人は、記憶力が多少衰えても、**人生の折り返し地点に達してやるべきことも明確だからか、英語を身につけたいという切実な想いがあります。**「話したい」「使えるようになりたい」という意欲が高く、英語の必要性をひしひしと感じています。**不思議と英語に対する入り込み方や集中力が、20代の若者よりも勝っているのです。**

それだけではありません。社会人は記憶力に勝るモノを持っています。**それは何十年と積み重ねてきた社会経験などの経験値や知識であり、これらは英語を習得するうえで非常に役立つものなのです。**

ただし、学校で習ったような勉強法では、英語は身につきません。いくら時間をかけても徒労に終わるだけです。

かといって、むずかしいことをやるわけではなく、お金をかける必要もありません。よく英会話スクールに行かないと上達しないと思っている人がいますが、そんなことはありません。**本書で紹介する3つの習慣さえ身につければ、自己学習で十分英語力は身につきます。**そのためには学生時代の勉強法を繰り返さないこと。それがとても大切なのです。

考えてもみてください。中学、高校と6年間も英語を勉強してモノにできなかったのです。同じやり方をして上達するはずがありません。英語の文法やむずかしい構文をいくら覚えても、外国人と話ができないのでは意味がないのです。

私が皆さんに伝えたいのは、ビジネスで使える英語の勉強法です。

この本には英語を話すためのノウハウがつまっています。生きた英語、使える英語を覚えて、コミュニケーションをとる楽しさを味わっていただきたいと思います。

英語を学ぶのは40歳からがいい／目次

まえがき 3

第一章 英語を始めるのはなぜ40歳からがいいのか 13

「英語の習得は若いうちがいい」という誤解 14
「気持ち」さえあれば英語はぐんぐん伸びる！ 16
学校で習った英語は忘れているほうがいい 17
英語だけできても仕事で使えないワケ 21
話題豊富な40歳すぎのほうが英語は飛躍的に伸びる 26
社会人は英語の面白さに目覚めやすい 28
英語は「勉強」でなく「習慣」にする 31
ビジネスではかつてないほど英語が求められている・ 34
「お前は何者ですか？」 36
坂本龍馬も英語を勉強していた 39

第二章 英語が飛躍的に伸びる「3つの習慣」

第二章 英語が飛躍的に伸びる「3つの習慣」 43
「3つの習慣」で英語を伸ばす！ 44
第一節 習慣その1——音読をする 45
英語を聴き流すだけではダメ 47
リスニング力アップには毎日の音読！ 49
キーワードを聴き取る 50
イメージで理解する 52
わからない単語は勘を働かせる 54
リエゾンを意識する 57
単語の最後にある「t」「k」「d」は発音しない 60
カタカナ英語に注意！ 62
アメリカ英語とイギリス英語の違いは？ 67
ネイティブのように音読する 70
自分に合った教材の選び方 73
スクリプトが付いていない教材はNG 75
発音が明瞭かをチェック 75

興味の持てる内容を必ず選ぶ！ 77
ＮＨＫのラジオ英語講座がおすすめ 79
ＮＨＫのテレビ番組も面白い 82
プラスアルファとして使いたい教材とは 84
おすすめしない英語の教材とは 86
第二節　習慣その2――多読をする 87
多読で生きた語彙が身につく 87
多読をするにはコツがある 89
文章の最初と最後を先に読む 91
アンダーラインを引くと、頭に入りやすい 92
意味は前から順に理解する 94
まずは辞書を引かずに読む 95
わからない単語は文脈から推測する 96
最初に英英辞典を引く 98
わからない英文は3回読む 102
辞書を引かずにスラスラ読めるレベルが最適 103
原書を読む 104

学習者向けのペーパーバックとは 105
学習者向けの新聞記事・雑誌とは 106
大統領の演説も聴き応えあり 107

第三節 習慣その3――必要最低限の英語表現を覚える 109
スラスラと英文が出るまで音読する 109
リスニング用の会話文を覚える 111
巻末付録の英語表現44を覚えよう! 113

第三章 絶対にやってはいけない英語勉強法 115
受験英語の勉強法は忘れよう 116

第一節 スピーキング編 116
熟語集は使わない 116
言いたいことを日本語で考えてはいけない 119
英会話スクールに通っても上達しないワケ 121
文法を軽視してはいけない 123

第二節　リスニング編　126
すべての単語を聴き取ろうとしてはいけない　126
英語を聴くだけではいけない　127
ＴＯＥＩＣのリスニング問題はやらない　128
単語だけを覚えてはいけない　129
ＴＯＥＩＣの問題は解かない　132
英文を分析しない　133
穴埋め問題だけでわかった気にならない　134

第四章　日本人がもっとも間違えやすい英語表現　137
受験英語で教える表現には間違いが多い！　138
第一節　日本人が誤解しやすい文法　138
"I do"と"I'm doing"を混同している人が多い　138
できる人でもミスする"I did"と"I was doing"　140
絶対に理解したい"I did"と"I have done"の違い　142
"I have done"と"I have been doing"の違いとは　144

9割の日本人が理解していない、未来形の使い分け 146
実際に使うときに間違えやすい過去完了形 150
どんなときに受け身を使うのか 152
「〜してもらう」をうまく言えない日本人が多すぎる 154
「あなたに会えた」は「could」だと間違い 155
aとtheを区別できますか? 157
関係代名詞の使い方に気をつけよう 160
第二節 コミュニケーションで注意すべき表現 164
そのまま英訳すると相手を怒らすことも! 164
日本人が頻繁に使う不自然な英語とは 169
日本語に相当する英語の表現がない? 172
偉そうに依頼する人が多すぎる 174
むやみに"Yes, you may"と言ってはいけない 176
mustは「〜したい」という気持ちがあるときに使う 178
shouldは「〜すべき」という意味で使わない 178
第三節 日本人が間違いやすい単語 180
comeとgoを混同している人が多い 180

helpの使い方を勘違いしている人が多い 181
try to doは「～してみる」ではない 182
「いま退屈だ」を「私は面白みに欠ける」と表現していませんか? 183
Are you OK? と言ってませんか? 184
「AでもBでもない」はnot A or B 185
by the wayの意外な盲点 187

巻末付録 音読して覚えると便利! 44の英語表現 210

あとがき 211

編集協力 佐久間真弓
図版 美創
英文チェック Edward Tanksley

第一章 英語を始めるのはなぜ40歳からがいいのか

「英語の習得は若いうちがいい」という誤解

世の中がグローバル化し、海外との取引が当たり前になっている現在、会社員にとって英語は必要不可欠なコミュニケーション・ツールとなっています。

ところが、企業の中堅社員として働く多くの人たちが、

「いまから英語を勉強しても、もう遅い。若い頃に勉強していれば……」

と諦めてしまっています。

これは「語学を身につけるためには記憶力が大切。年をとってからでは記憶力も衰え、若い頃のようには覚えられない」という世間一般の常識にしばられているからです。

確かに、記憶力という点では若い人にはかなわないでしょう。

しかし、ちょっと考えてみてください。記憶力が優れている中学生や高校生は、みな英語が得意でしょうか？

もちろん答えはノーです。どちらかといえば、英語は苦手な科目の筆頭に挙げられます。英語を得意とする生徒より、苦手とする生徒のほうが圧倒的に多いのです。英語力が記憶

力だけの問題なら、このような事実は存在しないはずです。

はっきりいって、英語を学ぶのに必要なものは記憶力ではありません。英語を身につけたいという「強い意志」さえあれば、語学は習得できます。

その点、40歳以上の社会人には「英語を使うかもしれない」という切羽詰まった状況があり、本当に英語を覚えたいという強い意志があります。いくら記憶力があっても、英語を覚えたいという気持ちがなければ、英語を身につけることはできないのです。

そもそも中高生が学ぶ英語は、受験英語ともいえるもので、コミュニケーション・ツールとしてはほとんど役に立ちません。入試に合格するための勉強ですから、学生の多くはしかたなく勉強しています。「英語を覚えたい」というより、「入試に合格したい」という気持ちのほうが強いのです。これと同じように、TOEICのような資格試験のためだけに英語を勉強しても、目的が特定のスコアを取ることなので、実際に使える英語にはなかなかなりません。

まずは「英語は記憶力が必要」という思い込みをキレイさっぱりなくしてください。

「気持ち」さえあれば英語はぐんぐん伸びる！

現在、多くの企業でTOEICのスコアを昇進試験の受験資格に加えたり、昇進の目安にしたりしています。企業はそうすることで、社員が英語に取り組むモチベーションにし、英語力を伸ばそうとしています。

しかし、企業で数多くのTOEIC研修を行ってきた私の印象では、そういった外的要因ですべての社員が英語に真剣に取り組むかというと、残念ながらそうとはいえないのです。いくら会社が英語研修に熱心でも、昇進のために必要だと頭ではわかっていても、前向きに取り組めない方もいるのです。

昇進すれば給料も上がるし、仕事の範囲も広がりますから、必死になって英語に取り組んでもよさそうなものですが、結局、本人が本気で英語を話せるようになりたいと思わなければ、英語は身につきにくいということでしょう。

それよりは「英語力を伸ばしたい」「外国人と通訳を通さずに話をしたい」「ビジネスの場で使いこなしたい」という気持ちこそ、英語の上達には必須の要素といえます。

私は企業の語学研修で英語を教えていますが、本当に英語を覚えたいと思っている人はどんどん上達します。

以前、60歳前半の男性にタイに赴任する前の1カ月間、英語研修を行ったことがあります。英語の勉強は約40年ぶりだと言っていましたが、タイの支社に責任者として赴任するという重責もあったのか、大変熱心に英語に取り組んでいました。まさに英語を一から始めたわけです。その結果、自己紹介がひと通りできるようになり、シンプルな英文ですが、自分の語彙の範囲内で伝えたいことを英語で話せるようになるまで上達しました。教える側からみて「60代だから若い人より英語を覚えるスピードが遅い」というようなことは、まったく感じられませんでした。

記憶力よりも「覚えたい、使いこなしたい」という強い意志――それが一番大切だということを強調したいと思います。いまからでも遅くはありません。「英語を覚えたい」と思ったときが、勉強をスタートさせるときなのです。

学校で習った英語は忘れているほうがいい

40歳の社会人が英語を勉強するメリットは、いろいろあります。その一つが中高生で習った受験用の英語からタイムラグがあり、その当時の英語の勉強法を忘れているということです。

そもそも日本の英語教育では受験を勝ち抜くことはできても、実社会で使いこなす英語力が身につくようにはなりません。そういう教え方をしていないからです。

せっかく「英語を覚えよう」と思っても、受験英語と同じような勉強法をしていては意味がありません。むしろ、過去に習った勉強法は捨て去り、真っさらな状態で英語を学び始めるほうが、よほど効果的なのです。

たとえば、受験英語では英文を日本語に訳すことを重視しています。まず、英文を分解し、「これが主語で、これが動詞で……」などと文法用語を使って解説した後、頭から訳すのではなく、後ろから訳したりします。

〈例〉We'll be in real trouble if we don't reduce the training budget.

（研修予算を削減しないと、非常に深刻なことになります）

しかし、実際の会話ではスピードがありますから、後ろから訳すことなど不可能です。聴こえてきた順に、どんどん理解していかなければ、話についていくことなどできません。頭から訳していく必要があります。したがって、前記の英文は次のように聴き取っていきます。

〈例〉We'll be/ in real trouble/ if /we don't reduce/ the training budget.
（私たちは〜になる／非常に深刻なこと／もし／削減しなければ／研修予算を）

そもそも「訳そう」とするのが間違いです。英語を英語のまま理解すればいいのです。翻訳者ではないのですから、うまく訳す必要などありません。おおよその内容を理解できれば、コミュニケーションはとれるのです。

ところが、ほとんどの人は、受験英語で英文を日本語訳にする作業が身についているために、すべてを訳さなくてはいけないと思い込んでいます。しかも、一字一句、辞書を引いて意味を調べようとし、一つでもわからない単語があると、そこで思考が止まってしまうのです。

こうした英文読解は、テストの文法問題を解いたり、受験の長文問題を理解するのには役立つでしょうが、実際に英語を話したり、書いたりする発信型のコミュニケーションにはまったくといっていいほど役に立ちません。

そのため、中学、高校と6年間も英語を勉強しているのに外国人の話す英語が聴き取れず、話すこともできないのです。これらは受験英語の弊害といえます。

しかし、何年も受験英語から遠ざかっていた社会人には、そうした悪癖が薄れています。多くの人は「英語をすっかり忘れてしまった」と嘆きますが、むしろ、そのほうが英語の習得には好都合なのです。

その好例を紹介しましょう。

ある商社で英会話クラスを3カ月担当したときのことです。受講生は30〜40代のビジネスマンで、英語に関してはほとんどが初心者レベル。そこで、日常会話を使った簡単なテキストを使用しました。

受講生たちは、ずっと英語から離れていて、かえって新鮮に感じられたのか、熱心に勉強をするようになったのです。なかでも40代の2人の方は、NHKのラジオやテレビの語学番組を録音したり、録画したりして英語を聴き、授業中も目を輝かせて会話の練習をしたり、私に英語に関する質問をしたりと、英語の楽しさに目覚めたようでした。

そして、研修が終了する頃には、スムーズとはいえないものの、英語を話すことに抵抗感がなくなり、簡単な内容であれば、自分の知っている英単語を駆使して堂々と自分の意思を伝えられるようになっていました。受験英語から遠ざかっていたからこそ、英語を覚える楽しさを実感できたのでしょう。

「英語の勉強はこうであるべき」という固定観念を捨てて、ゼロから学ぶ――それが、社会人になってから英語を学ぶメリットといえるでしょう。

英語だけできても仕事で使えないワケ

私が「英語を学ぶのは40歳からがいい」と強調する最も大きな理由は、社会人としての経験があるということです。

中高生時代には英語が勉強すべき科目の一つで、試験をクリアすることが目標だったわけですが、社会人には英語をコミュニケーション・ツールとして使いたいという明確な意志があります。

「海外支社との電話のやりとりをスムーズにしたい」

「海外との取引で英語が必要だ」

「海外出張したとき、通訳なしで現地の社員と話をしたい」

「取引先とのメールで、相手に通じる英文を書きたい」

こうした具体的な目標があり、これまでの社会経験から英語の必要性を痛感しています。そして、実際に英語が話せるようになると、その人自身が持つ知識や情報がモノをいうようになります。いくら英語が話せるようになっても、話すべき豊富な知識や経験を持っていなければ会話は続きません。

たとえば、外国人と出会ったとき、普通、次のようなあいさつから会話はスタートします。

A：Good morning. How are you today?

B：Pretty good. How about you?

A：I'm okay.

と、ここまではほとんどの人がスムーズに話せます。

問題はこの先です。自分に話したいことや伝えたい思いがなければ、会話は続きません。受験英語ばかり勉強していても、話したい内容がなければ、なんの意味もないのです。

その点、社会人にはこれまで生きてきたさまざまな経験があります。仕事や趣味、政治の話から経済の話まで、話題には事欠きません。話そうと思えば、話すことはいくらでもあるのです。

それに、人間関係を円滑にするためにはコミュニケーションが大事だということも、よくわかっています。

そう、英語はコミュニケーション・ツールなのです。そのことを忘れている人のなんと多いことか！

英語を勉強するのは、TOEICで高得点を取るためでも、資格試験に合格するためでもありません。もちろん、それをめざす人もいるでしょう。でも、その先にあるのは「外国人と英語でコミュニケートする」ということではないでしょうか。それなしに英語を勉強しようとしても、生きた英語を身につけることはできません。

TOEICで高い点数を取っても、外国人と会話ができない人はいます。それは語学学習の目的が会話をするためではなく、高得点を取ることだったからです。英語をコミュニケーション・ツールとして役立てようと思わなければ、いつまで経《た》っても、英語を話せるようにはならないのです。

これはある外資系企業の話ですが、英語を話せる人材を採用しようと、TOEICの高得点者や帰国子女を採用したことがあるそうです。

ところが、実際に仕事を始めたら、まったく使い物にならず、その翌年はTOEICの要求レベルを低くし、実務能力を優先して採用したといいます。

つまり英語は話せても、ビジネス経験や人生経験、豊富な知識がないために、うまく仕事をこなすことができなかったのです。いくら英語が話せても、それを活《い》かす能力がなければ意味がありません。英語を使って何をしたいのか。それが大事なのです。

たとえば、海外に行き、現地の人と交流する機会があるとしましょう。向こうで聞かれることは、受験英語で習うような内容ではありません。たとえば、

「日本はどうして総理大臣がしょっちゅう変わるの？」

「日本の会社はどうして何かを決めるのに時間がかかるの？」

「根回しって何？」

「日本人はなぜはっきりと自分の意見を言わないの？」

等々です。

たとえ、英語が話せたとしても、日本の文化や習慣、ビジネス事情などの知識や情報を持っていなければ、何一つ説明することはできません。

外国人とコミュニケートするためには、英語を通して自分の考えを伝える必要があります。語学力さえあれば、外国人とコミュニケーションがとれ、仕事がうまくいくと思うのは大きな間違いなのです。

話題豊富な40歳すぎのほうが英語は飛躍的に伸びる

社会人になってから英語を学ぼうという人には、具体的な目標があります。そのほとんどは「仕事に活かしたい」というものでしょう。

実際、社会人には英語を活かすチャンスがたくさんあります。海外出張や海外赴任する可能性もあるし、外国人の上司や海外の取引先、海外支店の外国人社員と英語でやりとりをすることもあります。あるいは、40歳ぐらいの中堅社員なら、自分から英語を必要とする部署への異動を申し出ることもできるでしょう。このように、社会人には英語を活かせる実践の場が身近にたくさんあるのです。

これは中高生にはない大きなメリットです。自分の英語のレベルがどの程度かは問題ではありません。初心者レベルであっても、「電話で海外支社の現地社員と話ができた」「相手の英語が少し聴き取れた」という経験があれば、それが英語を勉強する意欲につながります。英語をコミュニケーション・ツールだと理解し、英語で話すことを目標に勉強することが、英語をモノにする最短の方法なのです。TOEICや資格取得など、英語学習そのものを目的に勉強しても、生きた英語はなかなか身につきません。英語をコミュニケーションの手段として使うことが大事なのです。

少しでも英語が話せるようになれば、社会人はもともと知識や経験が豊富ですから、中高生に比べて英語力は飛躍的に伸びます。

英語を通して情報を発信し、外国人から英語を通して情報を得る。そして互いの気持ちが通じ合ったことを実感する――そうした体験こそが英語を学ぶ醍醐味《だいごみ》といえるでしょう。

実際、社会人には英語を使う場面がいくらでもあります。たとえ、会社で直接英語を使うことが少なくても、自分のお給料で語学学校に通ったり、語学教材を買って勉強することもできます。中高生より社会人のほうが英語を使うチャンスは多いし、そうした機会をつくり出すこともできるのです。

自分でお金を出して英語を勉強すれば、それだけ「英語をモノにしよう」という意欲もわいてきます。中高生とは英語を学ぶ真剣度が違います。強制されて勉強するのではなく、自分の意志で英語を学び、実際に英語を使う場面もあるわけですから、英語をモノにできないわけはないのです。

社会人は英語の面白さに目覚めやすい

私が受験英語では英語が身につかないと思う最大の理由は、英語のテキストの内容が日常生活からかけ離れ、面白くないという点にあります。もっと日常的に使える英語、面白いと思える内容のテキストでなければ、学ぶ意欲はわいてきません。

そう思いませんか?

また受験英語は、大学の教養課程で使用されているテキストからの抜粋のような、非常に難解な内容や抽象的な概念について書かれた文が多く、味気ないものです。

リアルタイムのトピック、ドキドキワクワクするような内容、自分の知りたいと思う情報が書かれているのであれば、もっと読みたいと思いますが、そうでなければ苦行でしかありません。

そうした受験英語を経験している社会人は、「英語の文章はむずかしい」という先入観を植え付けられてしまい、英語の習得は面白くないのが当たり前で、忍耐が必要だと思い込んでいます。それが英語習得の壁にもなっているのです。

しかし、内容が面白ければ、もっと読みたいと思うし、自然と英語力もついてきます。

受験英語は百害あって一利なし、なのです。自分の興味ある英字新聞や雑誌、好きなジャンルのペーパーバックを読めばいいだけです。味気ない内容の英語の問題集を解いたり、好きでもない分野の長文を読む必要はありません。

社会人になれば、それなりの知識や情報を持っていますから、興味のある分野はいろいろあります。たとえば、ビジネスマンなら多少なりとも政治や経済の知識がありますから、中高生が英字新聞を読むよりははるかに内容を理解できるはずです。内容が理解できれば、もっと読みたいと思うでしょう。こうして英語を自分に引き寄せて日常的に使うことができれば、英語力は必ずアップします。

社会人は中高生とは違い、自分で教材を選び、勉強のしかたも選ぶことができます。面白くもなんともないテキストを使い、イヤイヤ勉強する必要はないのです。

自分の興味のある分野の記事や、すぐに仕事に活かせる内容のテキストを使えば、英語を学ぶことが面白くなり、早く続きが読みたいと思うようになります。

いま、書店のペーパーバックスのコーナーに行けば、入門レベルから初級、中級、上級レベルまで、単語数を限定した英語の本がたくさん置いてあります。内容も幅広く、児童文学から古典文学、推理小説、人物伝、恋愛小説、ホラーショートまで、驚くほど種類も豊富です。そのなかから自分の気に入ったものを選べばいいのです。

初心者レベルであっても、英語を使って内容を知り、ストーリーの面白さに気づくことが語学学習のはじめの一歩となります。そして、英語を英語で理解し、読み進める楽しさを味わうと、翻訳された本を読もうなどという気が起こらなくなり、どんどん違う英語の本にチャレンジしたくなるのです。

私の知り合いに40歳を過ぎてから、「英語を話せるようになりたい」と英語の絵本を読み始めた人がいます。ある洋楽のロックスターの熱烈なファンで、本人を追いかけてアメリカまで行ったのですが、本人を目の前にして英語がまったく出てこなかったそうです。

話したいことが山ほどあるのに、話せない――それがショックで、一念発起して英語を学び始めました。そして、絵本を片っ端から読み始めたのです。これはとてもいい勉強法だと思います。英語のレベルが低くても、日本語に訳したりせずに英語そのものを理解するというのは、とても大事なことだからです。

そうして彼女は、絵本を通して英語で読むことの面白さを知り、絵本から児童書、小説へとステップアップしていきました。いまでは外国人と普通に会話ができるまでに上達しています。

最初からむずかしい本を読もうと気負い込む必要はありません。自分のレベルに合わせて読み進めていけば、自然と英語が身についていくからです。

英語を通して読む楽しさを身につける。その楽しさを知れば、日本語の小説を読むようにペーパーバックの内容を味わうことができるようになるのです。

英語は「勉強」でなく「習慣」にする

書店に行くと、「英語を10日間でマスターする」というような類《たぐい》の本が置いてあり、けっこう売れ筋だったりします。

しかし、私にいわせれば、「そんなこと、絶対ムリ！」ということになります。どうも、「英語といえば暗記するもの」というイメージが強く、短期間で頭に詰め込めばなんとかなると思い込んでいる人が多いようです。それで実際に10日間やってみて、マスターできないと、「やっぱりダメだ」と挫折してしまうのです。

そもそも英語は暗記科目というよりは、スポーツやお稽古事に近いものがあります。

たとえば、ゴルフを10日間でマスターするなんて、できると思いますか？　ピアノを10日間で弾けるようになるでしょうか？

答えはノーです。だれもゴルフを10日間でマスターしようなどとは思わないし、ピアノにしても、すぐに弾けるようになるとは思っていません。日々の練習が大切だと知っています。

それと同じように、英語も毎日の積み重ねが重要です。勉強するというより英語に触れる「習慣」をつけることが大事なのです。たとえば、1週間に2時間まとめて英語を勉強するよりは、毎日最低20分、英語に触れることのほうが、よほど英語の習得には役立ちます。

「毎日2時間、英語を勉強しなさい」

そう言われたら、それだけでやる気を失います。

しかし、どんなに忙しくても1日に20分程度なら、どうにか時間をとることができると思います。朝起きたとき、夜寝る前、あるいは通勤時間など、自分で実践できそうな時間帯を決めて、それを習慣化させるのです。

毎日続けていると、自分の英語力が伸びているのも実感できますから、余計に楽しくなり、張り合いが出てきます。とくに初心者ほど伸び幅が広いので、それがやる気につながります。

また、「英語の勉強は机に座ってやるもの」と決めつける必要はありません。歩きながらでも英語を口ずさむことはできます。たまに通勤途中や電車のなかで、英語のテキストを見ながら小声でつぶやいている人を見かけますが、それでいいのです。ひたすら英文を口ずさんでいると、暗記しようと思わなくても自然と口から出てくるようになります。

まずは1カ月を目標に取り組みます。そして、2カ月、3カ月と続けるのです。こうして一度、習慣化してしまえば、それが当たり前となり、英語を勉強しないと落ち着かなくなります。そうなったらしめたものです。

とくに、社会人になってから英語の勉強をしようと思う人は、「話せるようになりたい」という明確な目標を持っていますから、中高生より持続しやすいと思います。

社会人は学生のように試験があるわけでもないので、計画は立てやすいと思います。最初は「毎日最低20分」を目標に取り組みましょう。英語の面白さを実感できるようになれば、意識しなくても自然と英語に触れる時間は増えていくものです。

ビジネスではかつてないほど英語が求められている

ひと昔前まで、企業のなかで英語を必要とする社員の数は、現在ほど多くはありませんでした。海外出張や海外赴任する可能性のある幹部社員、海外との取引をする部署に配属された社員など、限られた範囲でしか英語を必要とされていなかったからです。

しかし、いまでは幹部社員だけでなく、一般社員も英語力を求められています。とくに2008年9月のリーマン・ショック以降、企業を取り巻く状況が一変し、英語力重視の傾向が強まっています。工場などの海外移転が進んだり、外国人を積極的に雇うようになったりと、英語を使う場面がどんどん増えているのです。「英語は苦手だからダメ」などと逃げてはいられなくなっています。

　またＩＴ技術の進歩により、海外に出張しなくてもテレカンファレンス（電話会議）などができるようになり、出席者の範囲も幹部社員から一般社員へと広がっています。とくに電話でのやりとりとなると、かなりの英語力が必要となります。日本人同士の会話でも、実際に会って話すのと電話では理解度が違ってきます。

　面と向かって話すときには、顔の表情や声のトーン、身振り手振りといったボディランゲージがあるため、言葉だけで伝えるよりも相手に理解されやすくなります。ところが、電話を通してコミュニケーションをしようとすると、言葉だけが頼りですから、それなりの英語力が必要になってきます。顔が見えないだけに真意が伝わらず、誤解されてしまうこともあります。

　アメリカの心理学者、アルバート・メラビアンが、人が他人から受け取る情報の割合について実験したところ、話し言葉からの情報はわずか７％で、見ため、しぐさ、顔の表情による情報が55％、声のトーンや大きさ・テンポによる情報が38％という結果になったことは有名です。それくらい表情や声のトーンといった非言語コミュニケーションの影響は大きいということです。

さらに、英語でプレゼンテーションをしたり、質疑応答をこなしたり、交渉したりする機会も増えています。

これらをこなすためには、リスニング力とスピーキング力が求められます。もはや、悠長に「英語が苦手だから、通訳に任せる」などと言っていられる時代ではありません。これまで以上にハイレベルな英語力が求められているのです。

かといって、帰国子女や英文学科出身者が有利かといえば、そうではありません。相手に伝えるべき中身がなければ、英語力があっても実際のビジネスには通用しないからです。高度な交渉をこなすためには、ビジネスの知識や経験がモノをいいます。

だからこそ、英語の勉強は40歳から始めるのがちょうどいいのです。

「お前は何者ですか？」

インターネットで海外とつながることが当たり前となった現在、ビジネスで英文メールを送ることも珍しいことではなくなっています。むしろ、その傾向は強まっているといっていいでしょう。

顔をつきあわせて話をする場合には、単語を並べるだけでも意思の疎通は可能ですが、メールでのやりとりとなると、そういうわけにはいきません。それなりに読める英文を書く必要があります。

実は、英語を話す機会と同様に、メールを読んで返信する機会も多く、スピーキング力と同じくらいライティング力も重要ともいえます。

読者のなかには、「日本人は文法が得意だから、ライティングは問題ないんじゃないの？」と思う人がいるかもしれません。

ところが、受験英語で習う文法は、試験対策の穴埋め問題に適応しているため、カッコのなかに解答を入れ込むだけで点数が取れるようになっています。そういう勉強法では、残念ながらライティング力をつけることは不可能なのです。

また、自分で考えて英文を書く機会もほとんどなかったため、いざ文章を書こうとしても、まったく英文が思い浮かばなかったりするのです。しかも、受験英語は受験のための勉強でしかなく、コミュニケーションに必要な知識や情報は何も教えていません。

そのため、外国人からみると、「いったい何が言いたいの？」というような、とんでもない英文表現になっていることが多いのです。

以前、ベルリッツの広告でこんなものがありました。きちんとスーツを着たビジネスマンのセリフとして、次のようなキャッチコピーが添えられていたのです。

「現状の厳しい状況を考えますと、これ以上の出資、マジ無理ッス」

「お目にかかれてたいへん光栄です。お前は何者ですか？」

そして、サブコピーとして

「ちゃんとした英語を。仕事ですから」

と結んでありました。

この広告コピーのいわんとしていることは、英語にもていねい語があり、相手によって使い分けをする必要があるということです。上司や得意先の担当者に話をするのに、「マジ無理ッス」とか「お前は何者ですか？」などと言ったら、社会人としての自覚がないと叱られてしまうでしょう。

ところが、受験英語では文法的に正しいか、正しくないかを基準に教えることが多く、実際のコミュニケーションとして通用するかどうかという教え方はしていません。そのため、外国人にとっては非常識な、ありえない英語表現になることがあるのです。

とくに、メールでのやりとりは、顔が見えないだけに英語表現に気をつけないと、相手の気分を害してしまうことがあります。面と向かって話していれば、相手が日本人で英語が苦手なのだとわかるでしょうが、メールでは文章がストレートに伝わってしまい、相手をムッとさせてしまいかねません。

こんな誤解を生まないためにも、使える英語、コミュニケーションとして通じる英語を学ぶことが重要なのです。

坂本龍馬も英語を勉強していた

2010年のNHKの大河ドラマ「龍馬伝」の放映で、坂本龍馬の人気が再燃していますが、幕末の志士たちも英語を勉強していたことをご存じでしょうか。

ドラマのなかでも、勝海舟が開いた神戸海軍操練所で塾生たちが英語を唱和している場面がありました。まさに音読です。英語に触れたことのなかった彼らにとって、音読することが英語を覚える最初の一歩だったのです。

その後、坂本龍馬は土佐藩出身の元塾生らと海援隊を結成。武器や軍艦、物資の輸送、航海訓練などを行いました。残念ながら、龍馬は京都で暗殺されてしまいますが、翌年、海援隊により『和《わ》英《えい》通《つう》韻《いん》以《い》呂《ろ》波《は》便覧《びんらん》』が出版されています。

これは初心者向けの英語のテキストで、序文には「貿易が始まっても言葉は簡単には通じず、誤解が生じやすい。それは国家の損失である」といった内容が書かれています。まさにビジネスに必要不可欠なものとして英語をとらえていたのです。

海援隊は龍馬の死後、土佐藩の藩命により解散させられていますから、その直前に仲間たちが「海外との貿易に役立てたい」と出版したものと考えられます。

内容は、序文に続き、いろは47文字の日本語と英語の発音の表記、数字、天・地・日といった代表的な漢字の英語表記と発音、時刻、ローマ数字、十二支の解説などが50ページにわたり掲載されています。

これにはカタカナで発音が表記されているのですが、horse（ホス）、tiger（タイガル）、dog（ドグ）、star（スタル）、heaven（ヒーブン）、earth（イァルス）、sun（ソン）などとなっており、カタカナで置き換えるのに苦労したことがわかります。

これを読むと、幕末の志士たちが「英語を覚えよう」と真剣に取り組んでいたことがわかり、身近に感じられます。彼らは子ども時代、まったく英語に触れたことがなく、大人になって初めて英語と出会いました。それでも、貿易に語学は欠かせないと、年齢のことなど気にすることなく勉強したのです。

語学習得に一番必要なのは「英語を覚えたい」という想いです。

あとは効果的な勉強法をコツコツと続ければ、英語は必ず自分のものになるのです。

第二章　英語が飛躍的に伸びる「3つの習慣」

「3つの習慣」で英語を伸ばす！

第一章では、40歳から始める英語学習のメリットについて記述しましたが、第二章では、具体的な英語の勉強法についてお話ししていきます。

まずは受験英語で習ったやり方を記憶から捨て去り、中国語やフランス語を始めるように、気持ちを新たにしてコミュニケーションの道具としての英語を実践していただきたいと思います。

第一章でも書きましたが、英語をモノにするためには、英語に触れることを習慣化することが大切です。その習慣はズバリ、３つだけです。

1　音読をする
2　多読をする
3　英語表現を覚える

それでは、「3つの習慣」について、順にお話ししていきましょう。

第一節 習慣その1――音読をする

「3つの習慣」のなかで私が最も強調したいのが、「音読をすること」です。音読によって、リスニング力が強化されるからです。そして英語を学ぶうえで、リスニング力は最重要といっても過言ではありません。というのもリスニングができなければ、外国人の英語を聴き取ることはできず、尋ねられたことに答えることもできないからです。スピーキングの前に、リスニング力をつける必要があるのです。

ところが受験英語では、リスニングがほとんど無視されています。ネイティブが話す英語のテープを流すことも少なく、耳から聴いた英語を真似るよう、指導することもありません。

リスニング力をつけるのに一番いい方法が「音読」であるということは、しっかり覚えておいてほしいと思います。英文を音読することで、本当にリスニング力が上がるのです。なぜだと思いますか？

実は、人には「**発音ができる音は聴き取れるようになる**」という言語能力が備わっているからです。

たとえば“What are you doing?”は、アメリカ人が発音すると「ワラユ・ドゥーイング」と聴こえます。「ホワット・アー・ユー・ドゥーイング」とは聴こえません。

ところが、ほとんどの人は受験英語の影響で「ホワット・アー・ユー・ドゥーイング」が正しい発音だと思い込んでいますから、ネイティブの発音から、この文章を判別することができないのです。これではいつまで経っても聴き取れるようにはなりません。

しかし、“What are you doing?”をネイティブの発音どおり「ワラユ・ドゥーイング」と理解し、この英文を10回聴けば、自然と聴き取れるようになります。何度も繰り返し聴けば、だれでも聴き取れるようにはなるのです。そして、もっといい方法が「音読」なのです。音読をすれば、聴き取りまでの時間を早めることができるのです。

実際に、自分で「ワラユ・ドゥーイング」と音読の練習をしてみてください。すると、これからは聴こえてきた文章のなかから、“What are you doing?”を瞬時に判別することができるようになります。

「本当？」と疑った方、ぜひ、お試しを。きっと納得できると思います。

英語を聴き流すだけではダメ

市販されている英語教材のなかには、「シャワーのように英語を聴き流すだけで英語ができるようになる」と宣伝しているものがありますが、はっきりいって、それはありえません。耳から聴いた英語を真似て発音することで、初めて英語は身についていきます。

しかし、受験英語ではあまり音読をやりません。中学1年で英語を習い始めた頃こそ、クラス全員で英文を音読することもありますが、それは最初だけです。そのうち、先生が生徒を指名し、一人ずつ音読して終わり。生徒一人ひとりが自分で英文を音読することはほとんどありません。

ただ、テストに発音やアクセントの問題が出題されるため、多少の説明や発音練習はさせるようですが、日本人が発音を不得意とするLとR、FとH、THとSの違いを説明し、何度も練習させているかというと、大いに疑問です。アルファベットの発音を教えるだけで、微妙な発音の間違いもほとんど矯正しません。生徒がLとRを区別して発音できなければ、long（長い）とwrong（悪い）を判別することができず、英語の内容を理解することも不可能です。

なかには家に帰ってから復習として音読する生徒もいるでしょうが、それは非常にまれなことです。なにしろ受験英語では音読の必要性を教えてはおらず、学校の先生もそれに気づいていないのですから。

昔から「会話力を伸ばしたい」という日本人は多かったのですが、リスニングの必要性に気づく人はほとんどいませんでした。また、リスニングが音読によって飛躍的に伸びるということも知られていませんでした。

リスニング力がアップすれば、必然的に会話力もアップします。言語能力は「聴く↓話す↓読む↓書く」の順で伸びていくものです。赤ちゃんが言葉を発するようになるのも、この順番です。まず親や周りの大人が話す言葉を聞き、それを真似ることで言葉を覚えていきます。いきなり文字を読んだり、書いたりはしません。外国語の習得も、母国語の習得と同じなのです。

まずは、聴いた言葉を真似る。

それがリスニング力のアップにつながり、会話力をつけることになるのです。

リスニング力アップには毎日の音読！

リスニング力を伸ばすポイントは、毎日、英語を聴いて音読することです。CD付きの英語教材を購入し、最初はテキストの英語を見ずに聴きましょう。聴き取れないところがあってもかまいません。自分がどの程度、聴き取れるのか確認する意味もあります。

それからテキストの英語を見て内容をざっと理解したら、もう一度CDを聴き、音読します。これを最低でも5回は繰り返します。もちろん時間があるなら、もっと繰り返します。

次にCDの音声に合わせて、同時にリピートします。最初は会話文を見ながらリピートし、慣れたら見ないでリピートします。それを何度も繰り返し、最終的にはCDの音声と同時に言い終わるようにしましょう。もちろん、最初はワンテンポ遅れてもけっこうです。気にすることはありません。そうやって口の筋肉を鍛え、英語の音を出すことに慣れさせていきます。

音読することで、リスニング力はもちろん、スピーキング力もついていきます。と同時に、何度も繰り返すことで自然と英文が頭に入り、覚えてしまいます。無理に暗記しようと思わなくても、音読することで記憶することはできるのです。

では次に、リスニング力をアップするためのコツについて説明します。リスニング力を伸ばすには英語を聴くことが大切ですが、漫然と聴いていては効果は半減します。聴き方のコツを学んで、効果的にリスニング力を伸ばしていきましょう。

キーワードを聴き取る

第一章でも指摘しましたが、日本人は英文のすべてを聴き取らなければならないと思い込んでいます。しかし、日本語で会話しているときでも、専門用語が出てきて意味がわからないことはたくさんあります。それでも、話しているテーマがわかっていれば、おおよその内容を推測することができます。それで十分、会話はできるのです。

そう考えれば、英文をすべて聴き取ろうとすることが、いかにナンセンスなことか理解していただけると思います。聴き取れた単語から内容を推測すればいいのです。

それに、外国人が英語を話すときには、意味として重要なキーワードを他の単語より強く、長めに発音します。そのキーワードさえ聴き取れれば、英文の意味はだいたい理解することができます。

では、例文を見てみましょう。

〈例〉I have a three o'clock appointment with Jack in Marketing.

この文のキーワードはhave、three o'clock appointment、Jack、Marketingで、これらの単語さえ聴き取れれば「マーケティング部のジャックと3時に会う約束をしている」という内容は推測できます。

〈例〉How long have you been working in Sales?

この文のキーワードはHow long、working、Salesで、営業部での勤続年数を尋ねているのだと推測できます。

極端な言い方をすれば、キーワードさえ聴き取れれば、他の部分は聴き取れなくてもよいのです。英語のCDを聴くときも、キーワードを拾うように意識しましょう。キーワード以外の単語は聴き流してもけっこうです。

イメージで理解する

多くの日本人は、英語を日本語で理解しようとします。聴き取った英語を日本語に訳そうとするクセがあるのです。しかし、いちいちそんなことをしていては会話についていくことはできません。英語は英語のままに理解すればいいのです。

そのためには、聴き取れたキーワードから状況を思い浮かべ、イメージで内容をとらえるようにします。イメージなら一瞬で情報を処理できるからです。英語の文字を思い浮かべたり、日本語に訳したりはしないようにしましょう。

〈例〉Excuse me, could you tell me how to get to the station?

Excuse me, could you tell me まで聴いて、人に尋ねているイメージを思い浮かべ、how to get to the station まで聴いて、道に迷った人が駅までの道順を尋ねているイメージを思い浮かべます。英語を聴きながら単語を思い浮かべたり、ましてや「失礼ですが、駅に行く道を教えていただけますか」と訳したりしてはいけません。

〈例〉Good morning, ladies and gentlemen, and welcome to the San Antonio Breast Cancer Symposium.

Good morning, ladies and gentlemen まで聴いて、話し手が大勢の人の前で話をしているイメージを思い浮かべます。次に welcome to を聴いて、その人たちを招いていることがわかり、the San Antonio Breast Cancer Symposiumまで聴いて、乳がんのシンポジウムで主催者が出席者にあいさつをしているイメージを思い浮かべます。「皆様、おはようございます。サンアントニオ乳がんシンポジウムにようこそお越しくださいました」と訳して理解することはやめましょう。

英語をイメージでとらえられるようになると、英語を日本語に訳すというクセを消し去ることが可能となり、理解のスピードが速くなります。英語を英語で理解できるようになれば、いちいち日本語に訳すほうが大変だとわかるはずです。

わからない単語は勘を働かせる

日本人はともすると、すべての単語を聴き取ろうとし、わからない単語が聴こえてくると、そこで思考がストップしてしまいます。それでは、いつまで経ってもネイティブの話す英語を理解することはできません。

わからない単語があっても、諦めずに文脈から推測する習慣をつけます。推測が合っているかどうかは二の次です。推測する習慣を身につけることが重要なのです。

企業で英語を教えている私でも、ビジネスの専門用語の英単語が出てきたら、その意味はわかりません。それでも、だいたいの内容を理解できるのは、前後の文脈から推測しているからです。

そもそも、日本人がすべての単語を聴き取ることなど不可能です。ネイティブと会話をすれば、わからない単語はいくらでも出てきます。英語を聴くとき、知らない単語があって当たり前。そういう前提で英語を聴き、勘を働かせる練習をすることが大切です。それもまた立派なリスニングの力といえます。

次に、どのように意味を推測するのかを説明しましょう。

知らない単語が出てきたとしても、前後にその単語の意味を推測できるヒントとなる単語があることがほとんどです。

〈例〉次の会話の interrupt の意味がわからない場合

Ａ：Is it OK to interrupt you if I don't understand something?

Ｂ：Yes. If you have questions, ask me anytime.

Aが「わからないことがあったら、あなたをinterruptしていいですか?」と尋ね、Bが「質問があったら、いつでも聞いてください」と答えているので、おそらくinterruptはaskと似ている意味だと推測できます。

実は、interruptは「(話などの)腰をおる」という意味です。

もう1つ例を見てみます。

〈例〉次の会話のresignの意味がわからない場合

A：I've decided to resign.

B：Why? Didn't you hear that the sales director wants to promote you to sales manager?

A：Really? OK, perhaps I'll stay then.

Aが「resignすることに決めた」と言い、Bが「営業部長が君を営業マネージャー

に昇格させようと思っていることを聞いてなかったの?」と答え、それに対し、Aが「本当? それなら残ろうかな」と言っています。この流れからするとresignはstayと逆の意味の単語で、おそらく「(会社などを)辞める」いう意味だと推測できます。

実際、resignは「(会社などを)退職する、(ポストから)辞任する」という意味です。

リエゾンを意識する

教材に付いていたCDの英語を聴いてもまったく理解できず、「むずかしい単語かな?」とテキストを見たら、案外、知っている単語ばかりでがっかり。そんな経験をしたことがある人も多いのではないでしょうか。

たとえば、「want to」は「ワナ」に聴こえるし、「get you」は「ゲッチュー」、「an apple」は「アナポ」と聴こえます。ネイティブは、決して「ウォン・トゥ」「ゲット・ユー」「アン・アップル」とは発音しません。

なぜ、そうなるかというと、英語では単語の最後の子音と、次の単語の最初の音(とくに母音)とが連結して発音されるからです。これを**リエゾン**(発音の連結)といいます。とくにアメリカ英語はこのリエゾンが多いので、これが聴き取れないと、英語がスムーズに理解できません。

ところが、受験英語ではリエゾンという発音の基本中の基本を教えていないため、生徒は日本語と同様、英語も単語と単語を分けて発音すると誤解して覚えています。

私は大学でフランス語の授業を取りましたが、その第1回目の授業で、日本人の先生が「フランス語は単語と単語を連結して発音します。これをリエゾンと呼びます」とフランス語の発音の特徴をきちんと説明してくれました。「へぇ〜、そうなんだ」と聞いていましたが、実は英語にも似た特徴があるわけです。

リエゾンを使った発音をどんどん覚えていくと、リスニング力は格段にアップします。また、リエゾンは耳から聴く場合だけでなく、自分で音読する場合も、意識して発音するようにします。

ただし、まだ英語の発音に慣れていないのに、ある部分だけリエゾンを使うと、全体的にアンバランスに聴こえてしまいます。英語の発音がこなれるまで、できるだけ音読を繰り返しましょう。

表1　リエゾンを使った文例

「子音+母音」のつながり

単語の最後が子音で終わり、次の単語が母音で始まるとき、音をつなげて発音します。

take aは「テイカ」、can I は「キャナイ」
come inは「カミン」、ten o'clockは「テナクラッ(ク)」と発音します。

Let's take a《テイカ》 break.　休憩を取りましょう

Can I come in?《キャナイ・カミン》　入ってもいいですか?

I'll be back at ten o'clock《テナクラッ(ク)》.　10時に戻ります

don't youは「ドンチュ」、did youは「ディジュ」、could youは「クッジュ」
他にもaren't you「アーンチュ」、won't you「ウォンチュ」、would you「ウッジュ」があります。

Why don't you《ドンチュ》 talk to the manager?　マネージャーに相談したらどうですか?

Did you《ディジュ》 bring your umbrella?　傘を持ってきましたか?

Could you《クッジュ》 call back later?　後で電話してもらえますか?

get upは「ゲラップ」、what are youは「ワラユ」
これはアメリカ英語の特徴ですが、単語の最後の子音が[t]のとき、次の単語の最初の母音とつながって、日本語のラ行音のように発音されます。get upは「ゲラップ」と発音します。

I have to get up《ゲラップ》 at five tomorrow morning.　明日の朝5時に起きなきゃ

What are you《ワラユ》 doing?　いま何してる?

I'll go and pick it up《ピッキラップ》 for you.　それを取りに行ってあげる

going toは「ゴナ」、want toは「ウァナ」
going toは「ゴナ」、want toは「ウァナ」と発音します。gonna、wannaと表記されることも多いです。英語の歌詞などで見かけたことがある方も多いでしょう。

I'm going to《ゴナ》 sell my car.　車を売ろうと思っているんだ

I want to《ウァナ》 finish this first.　これを先に仕上げてしまいたい

よく使われるリエゾンの例を表1に挙げてみましたので、声に出して繰り返し音読してみてください。

単語の最後にある「t」「k」「d」は発音しない

まずは、次の英文を見てください。

I can speak English, but I can't speak French.

この文のなかに日本人が聴き取りにくい単語で、なおかつ、その単語が聴き取れないと意味がまったく変わってしまう単語が入っています。どれだかわかりますか?

答えはcan'tです。

なぜ、聴き取りにくいのでしょうか。それはcan'tの最後の子音「t」が聴こえないため、can'tがcanに聴こえるからです。

ネイティブの発音を注意して聴いていると、単語の最後の子音の「t」「k」「d」をほとんど発音していないことがわかります。試しに英語教材のCDなどで単語の最後に「t」「k」「d」の発音がある単語を探して聴いてみてください。

restaurantやtoiletを、日本語で「レストラン」「トイレ」と発音しているのも、最後の「t」の音が聴こえないためです。これは、英語をスムーズに発音するために、単語の最後の子音「t」「k」「d」を音に出さないことによります。

can'tの最後の「t」は息だけで発音する音で、「t」を明確に発音すると、文が途切れてしまいます。次の英語をスムーズにいうために、単語の最後の「t」を発音しないのです。否定語のcan'tはキーワードなので、他の単語より強く、長めに「キャーン」と発音されます。そのため、「アイ　キャーン　スピーク　フレンチ」としか聴こえないのです。

can'tの「t」を発音しないとしたら、前半の肯定文のcanとどう区別するの？　という疑問が出てきますね。実は助動詞は肯定文の場合、たいして重要ではないので、canは「キャン」とはっきり発音されず、小さな声で「クン」のように発音されます。

したがって、I can speak English, but I can't speak French. は、「アイ・クン・スピーキングリッシュ、バライ・キャーン・スピー(ク)・フレンチ」のように聴こえるのです。

つまり、スピード感を持ってリズミカルに英語を発音するためには、「t」の音をはずして音読したほうがいいということです。そうすれば、リズムを崩すことなく、英語っぽく話すことができます。これは、文中の単語の最後の子音「k」「d」でも同様です。

音読の練習をするときも、単語の最後に「t」「k」「d」があったら発音しないことです。isn't は「イズン」、haven't は「ハヴン」、won't は「ウォウン」のように発音練習を続けていると、慣れてきた頃には、リスニングでも否定語を否定語として正確に聴き取れるようになっているはずです。

表2に例文を挙げてみましたので、音読してみましょう。

カタカナ英語に注意!

日本には、英語を日本語流にアレンジしたカタカナ英語がたくさんあります。もともとが英語なのだから「通じるはず」と思いきや、まったく通じなかったりします。また、英単語をカタカナで表現し、日常的に使っているのに、ネイティブの発音と違うために、

表2　文中で発音しない文例

単語の最後の[t]を発音しない

I'm afraid I can'<u>t</u> mee<u>t</u> you tonigh<u>t</u>.　あいにく今晩は会えないなぁ

アフレイ　キャーン ミー・ユー　トゥナイ

※meet youには、[t]を発音しない「ミー・ユー」と、「ミーチュー」の２つの発音があります。

Don'<u>t</u> forge<u>t</u> to bring i<u>t</u>.　それを持ってくるのを忘れないで

ドン・フォゲッ・トゥ・ブリンギッ

実際は微妙に発音しているが、英文を聴くときにはほとんど聴こえない[k]の音

I don't want to wor<u>k</u> this weekend.　今週末は働きたくない

ワー

Can I tal<u>k</u> to you for a moment?　ちょっと話せますか?

トー・トゥユ

単語の最後の[d]を発音しない

It's a very goo<u>d</u> restaurant.　そこはとても美味しいお店ですよ

グッ・レストラン

I don't min<u>d</u> working on Saturday.　土曜出勤でもかまわない

マイン・ワーキン

You must come an<u>d</u> see me.　必ず私の家に遊びに来てください

カマンスィー

まったく聴き取れない単語もたくさんあります。

たとえば、ほとんどの初心者が誤解してしまう単語に travel があります。travel の英語の発音は「トラベル」でなく、「トラヴル」です。しかし、「トラヴル」と聴くと、日本人は trouble と誤解してしまい、まったく違う意味に理解してしまいがちです。

つまり、Have you ever traveled abroad?「海外旅行をしたことがありますか?」という英語を、中級レベルの学習者でも「海外でトラブルに巻き込まれたことがありますか?」と勘違いしてしまうことが多いのです。

そもそも英語には、日本語で表記できない発音がたくさんあります。たとえば、「L」と「R」の違い。「La」と「Ra」を日本語表記で表すと、どちらも「ラ」となりますが、実際には発音がまったく異なります。

Lの発音は、舌先を上の歯の裏につけて、鼻から音を抜く感じで発音します。一方、Rの発音は、舌を丸めてこもった感じで発音します。

たとえばレストランで Rice, please. と言うときですが、rice を日本語のラの音で発音すると lice(シラミ)に聴こえてしまいます(ただし、この場合、状況からライスと理解してもらいやすいので、心配はいりませんが）。

「L」と「R」の発音の区別は日本人が最も苦手とするところですが、自分で区別して発音できるようにすると、正確に「L」と「R」を聴き取れるようになるのです。

他にも多くの日本人が区別して発音しにくい子音を例として挙げておきます。

〈例〉she と sea、fire と hire、sink と think、base と vase

最近の電子辞書やインターネット上の英語辞書では、音声で発音を確認できる機能がついたものもあります。それを聴いて発音を覚えるといいでしょう。残念ながら、英語の個々の母音と子音を正確に発音できなければ、本来は違った音なのに、同じ音に聴こえてしまいます。ですから、カタカナ英語で覚えている単語は一度正確な発音を聴いて、その発音を口に出して再生できるようにしておきましょう。先入観を捨てて注意して発音を聴くと、カタカナの音とは全然違うことがわかるはずです。自分で同じように発音すれば、リスニングの際も正しく聴き取れるようになるのです。

次に、日本人が間違えやすい発音をいくつか紹介しておきましょう。

◎elの発音：単語の最後にelがあるとき、日本人は「エル」と母音を発音してしまいますが、実際はほとんど母音を入れずにLの発音しかしません。Michaelは「マイケル」ではなく「マイコー」のように発音します。

他にもcancel、level、model、travelがあります。

◎alの発音：単語の最後にalがあるとき、「アル」と発音しがちですが、実際はほとんど母音を入れずにLの発音しかしません。globalは「グローボ」のように発音します。

他にもinternational、medal、medical、normal、totalがあります。

◎your、poorの発音：yourは「ユァ」ではなく、「ヨァ」に近い音、poorは「プア」ではなく、「ポア」のように発音します。tour、touristも、「トァー」、「トァリスト」

です。

アメリカ英語とイギリス英語の違いは?

日本人にとってはアメリカ英語のほうがなじみ深いと思いますが、同じ英語でもイギリス人の発音とアメリカ人の発音には違いがあります。

英語を習い始めるにあたっては、とくに気にすることはありませんが、アメリカ英語とイギリス英語ではどれくらい違いがあるのか、参考程度に触れておきたいと思います。

◎アメリカ英語ではTの発音はしばしばラ行音に変化する

最も大きな違いは、アメリカ英語ではあまり「t」を発音しないのに対して、イギリス英語では「t」を発音するということです。そのため、イギリス人の英語を聴いていると、「t」の音をよく耳にします。

一方、アメリカ英語では、「t」の後に母音が続くと、日本語のラ行音に変わります。

〈例〉I've bought a new car.（私は新車を購入しました）
（ラ）↑アメリカ
（タ）↑イギリス
アメリカ英語では bought a を「ボーラ」、イギリス英語では「ボータ」のように発音します。
〈例〉He's in a meeting.（彼はいまミーティング中です）
（リ）↑アメリカ
（ティ）↑イギリス
アメリカ英語では meeting を「ミーリング」、イギリス英語では「ミーティング」のように発音します。

◎イギリス英語では r をほとんど発音しない

アメリカ英語の r はすべて巻き舌で発音しますが、イギリス英語では、単語の先頭、あるいは母音で始まる単語の前以外、rは発音しません。

たとえば、manager、order、work、heardなどのrは、イギリス英語では発音しないのです。

◎アメリカ英語ではアルファベットのoは「ア」と発音する

日本人が日常的に使っている「ボディー」「ボックス」「コーヒー」「コピー」「ホット」はイギリス英語の発音です。body、box、coffee、copy、hotはアメリカ英語では「バディ」「バックス」「カフィー」「カピー」「ハット」と発音します。notを日本人は「ノット」と発音しがちですが、アメリカ英語では「ナット」です。

collegeはアメリカ英語では「カレッジ」、イギリス英語では「コレッジ」と発音します。

ネイティブのように音読する

◎英文に強弱をつけて読む

英語は日本語と違って、音楽のように強弱を持ったリズムのある言語です。ふだん抑揚をつけず、淡々と話している日本人には違和感があるでしょうが、慣れてくればリズミカルに話すのが楽しくなります。

たとえば次の文では、下線部分を強く発音します。

〈例〉What are you doing?
What's the purpose of your presentation today?

外国人にとって、日本人の英語は抑揚がなく平坦で、まるでお経を読んでいるように聞こえます。どこに焦点を当てて聴けばいいのかわからず、「日本人の英語は聴きづらい」と感じさせてしまうのです。英語を話すときには「オーバーかな？」と思えるくらい、音に強弱をつけるようにしましょう。

◎聴こえてきた音をそのまま真似る

日本人は英語を耳からではなく目で見て理解してきたため、スペルどおりに発音しようとしますが、それが間違いのもとです。

長年カタカナ英語に慣れてきてしまうと、本来の英語の発音で話すことが気恥ずかしく感じるかもしれません。しかし、それでは外国人に通じる英語にはなりませんし、リスニング力も上がりません。これまでの発音は忘れて、耳で聴こえたとおりに発音しましょう。

◎声優になったつもりで感情を込める

音読するときは、気持ちを込めて、自分が会話の主人公になったつもりで練習します。感情を込めて読んだほうが、英語は身につくのです。

また、その英文自体の意味よりも、その文が使われている状況をイメージしたほうが頭に入りやすくなります。そして、「近い将来、この表現を実際に使ってやるぞ！」という気持ちで音読しましょう。些細《ささい》なことに思えるかもしれませんが、こういうポジティブな気持ちを持つことが英語の力を上げ、英語を使う状況を自分に引き寄せるのです。

◎意味を理解しながら音読する

音読するときは、必ず意味を理解しながら声に出す習慣をつけるようにします。英語を声に出して読むと、発音のみに注意がいってしまい、意味が理解できないという声をよく聞きます。なぜ、そうなるのかといえば、英語を訳して理解しようと思っているからです。

人は音読すると同時に、日本語に訳すという作業はできません。音読しながら英語の意味を理解するためには、英語を英語で理解することが必須です。音読しながら意味が理解できたら、英語を英語で理解できたことになります。

ぜひ、音読をしながら、英語を英語で理解する練習をしてください。それがリスニングの力を格段に伸ばすのです。

◎スピードを意識して音読する

音読を繰り返すことで、確実にリスニング＆スピーキングの力がついていきます。目安としては、自然なスピードで読めるようになるまで練習すること。英語教材のＣＤと同時にリピートして、ナレーターと同じくらいに英語を読み終わることを目標にします。もし、ナレーターと同時に終わらないときは、リエゾンをきちんと発音していないということになります。リエゾンがきちんと言えるようになるまで、何度も繰り返し音読しましょう。

５回も音読すれば、リエゾンも言えるようになり、英語のＣＤと同時に言い終えることができると思います。

自分に合った教材の選び方

まず、教材にはテキストと英語のＣＤなどの音声教材がセットになっているものを選びます。テレビやラジオの語学番組で勉強する人は、録画や録音をして繰り返し聴けるようにします。

次に大事なのは、自分のレベルに合った教材を選ぶということです。自分よりもはるかにレベルの高い教材では、単語の一つも聴き取ることができず、何を言っているのか、さっぱりわかりません。それでは英語力を身につけることはできません。「むずかしすぎる」と諦め、放り出したくなってしまいます。

教材選びの目安としては、スクリプト（英文の原稿）を読んで大意がわかり、かつキーワードを含めて8割ぐらいの単語が理解できるレベルの教材を選びます。なぜなら、目で文字を読むのと耳から聴くのとでは、理解の度合いがまったく違うからです。たとえスクリプトの全文を理解できたとしても、音声で聴いたときには5〜6割程度しか聴き取ることはできません。

前述したとおり、ふだん見慣れている簡単な単語であっても、耳から聴くと、まったく聴き取れないということがとても多いのです。最初はこうした英語の発音に慣れていくことが大切です。

自分のレベルに合った教材であれば、目で見て理解できる単語の発音を、耳で聴いて理解する練習にもなるし、また初めて出会う単語を覚えるきっかけにもなるのです。

スクリプトが付いていない教材はNG

音声教材には普通、スクリプトが付いていますが、書籍を音声化したオーディオブックのなかには、スクリプトの付いていないものもあります。上級レベルの人なら、それでもかまいませんが、これから英語を覚えようという人にはおすすめできません。

スクリプトがないと、聴き取れた単語の確認もできないし、新しい単語や表現を覚えることもできません。また、聴き逃してしまったときにも、何を言っているのかを確認することができません。これではリスニングの練習にはならないでしょう。

英語の音声教材を買うときは、必ずスクリプトの付いているものを選びます。

発音が明瞭かをチェック

英語のCDなどの音声教材とひとくちにいっても、その内容はさまざまです。映画やテレビドラマの一部を抜粋したもの、ハリウッドスターや有名人のインタビュー、BBCやCNNのニュースなどさまざまです。ともすると英語を母語とするネイティブが話している教材なら、何でもいいだろうと思いがちです。

しかし、そうした音声教材はスピードが速すぎたり、雑音などが混じって明瞭に聴こえなかったり、聴きづらい声だったり、独特な言い回しなどがあったりして、英語のリスニングには適さないものもあります。

また、初心者用の英語のCDのなかには、いかにも実際の会話のように録音されている臨場感たっぷりの会話がありますが、速すぎて聴きづらかったり、明瞭に発音されていなかったりするものもあります。リアル感はありますが、初心者には不親切な教材といえます。

英語の音声教材のスピードが遅すぎるのもどうかと思いますが、ごく普通の速さで、発音が明瞭なものがリスニングの練習には最適です。

その点、ナレーションのプロが録音したものは思わず聴き惚れてしまい、「発音がきれいだな、もっと聴いていたい」と思わせます。発音のきれいな人とそうでない人では、聴き取りやすさに雲泥の差があります。音声教材はリスニングとしてだけでなく、発音を覚えるためにも重要なものです。ですから、まずは明瞭な発音を聴いて、正しい英語の発音を覚えるようにします。

それさえ身につければ、どんな英語も聴き取れるようになり、だれにでも通じる英語を話せるようになるのです。

興味の持てる内容を必ず選ぶ！

使用する音声教材は自分が面白いと思える内容のもので、「そうなのか、知らなかった」と興味をそそられるものがいいでしょう。そうすれば、そこで使われている単語や表現にも興味がわき、覚えようという気になります。

興味が持てない内容では、読み続けることはむずかしく、まして英語となればとても頭になど入ってこないでしょう。それを端的に示すエピソードがありますので紹介します。

私がかつて教えていた生徒さんに、中間管理職のビジネスマンがいました。当時、彼はTOEIC740点を持っていて、TOEIC900点以上をめざしていました。彼の部下の大半が900点以上を持っていたようで、相当あせっていたようです。

ところが、リスニング力がなかなか伸びず、あるとき「毎日1時間も英語のCDを聴いているのに、なぜ伸びないのか?」と彼から相談を受けたのです。そこで、「どのような英語の教材を使っているのですか?」と尋ねたところ、大学時代に30万円も出して買った英会話の教材が使わないままになっていたので、もったいないからそれを使っているとのことでした。

「教材の内容は面白いですか?」と聞くと、「ハロウィーンなど、アメリカの行事を扱った会話で構成されているため、あまり興味はない」ということでした。

その話を聞いて、すぐにピンと来ました。彼のリスニング力が伸び悩んでいる原因は、教材の内容にあったのです。

そこで私は、NHKのラジオ講座『実践ビジネス英語』を聴くようにすすめました。彼は中間管理職でビジネスにとても興味を持っていましたから、その内容は仕事にもぴったり合っていたのです。

毎日、往復2時間の通勤時間に『実践ビジネス英語』のCDを聴き続け、2カ月後にはTOEICのリスニングセクションだけで160点も上がり、見事900点を突破したのです。

楽しいことは長続きするし、記憶に残ります。外国語の学習なのですから、面白くなければ長続きしません。自分が興味の持てる教材を必ず選ぶようにしましょう。

NHKのラジオ英語講座がおすすめ

音声教材にもいろいろあり、種類がありすぎて、どれにしようかと迷うと思います。

そこで、私がおすすめしたいのが、NHKのラジオ英語講座です。自分の英語レベルに合わせて講座を選べるだけでなく、内容的にも質が高く、発音もきれいです。しかも、値段が安い！

正直いって、市販の音声教材には当たり外れがかなりあります。かといって学習者には教材の善《よ》し悪《あ》しの判断がつかず、また売れている本が良書とも限りません。しかし、NHKのラジオ英語講座は、信頼して学べる一定レベル以上のものばかりです。なにも値の張る教材を買う必要はないのです。

私自身について考えてみても、学生時代に英検1級を取りましたが、リスニングのためにやったことといえば、いくつかのＮＨＫのラジオ英語講座を繰り返し聴いただけでした。テキストの内容を通して、英語だけでなく英米の文化や風習、考え方も学ぶことができ、いま考えても正しい選択だったと思います。あまり手を広げず、ＮＨＫのラジオ英語講座を1つか2つに絞って、集中して聴くだけで十分勉強はできます。

ラジオ英語には、「基礎英語」「ラジオ英会話」「入門ビジネス英語」「実践ビジネス英語」などがあります。どの講座から始めてもいいですが、自分の英語のレベルがわからないという人には、ＮＨＫホームページの「英語力測定テスト」を利用してみてください。文法問題や会話・表現問題、リスニング問題の3つで構成された簡単なテストで、所要時間は15分ほどです。その得点や講座情報を参考に、自分に合った講座を選ぶことができます。

「ラジオ英会話」「入門ビジネス英語」は高校生レベル、「実践ビジネス英語」は高校卒業以上のレベルになっています。「入門ビジネス英語」は、国際ビジネスをテーマに実際のビジネスシーンに即したストーリーが展開されていき、基本的なビジネス用語やよく使われる表現などを覚えることもできます。試しに聴いてみたい方は、前週のラジオ

表3　ダイアログの例文

Matthew：	Hi, mind if I sit here?
Katsunori：	Not at all.
Matthew：	I'm Matthew Fraser. You're the new guy in Sales, right?
Katsunori：	Yes, that's right. I just started this week. My name is Katsunori.
Matthew：	Good to meet you, Katsunori. Where have you been assigned?
Katsunori：	**I'm responsible for the Mojitsu account.**
Matthew：	So, your manager must be Jimmy Wong. He heads up the Mojitsu team, right?
Katsunori：	That's right.

日本語訳

マシュー：	こんにちは。ここに座ってもかまわないかな?
カツノリ：	もちろん。
マシュー：	僕はマシュー・フレージャー。営業部の新人さんだよね?
カツノリ：	ええ、そうです。今週来たばかりです。カツノリといいます。
マシュー：	はじめまして、カツノリ。君はどこの担当なのかな。
カツノリ：	**モジツウの取引を担当しています。**
マシュー：	それじゃ、部長はジミー・ウォングだ。彼はモジツウのチームを率いているんだよね?
カツノリ：	そうです。

入門ビジネス英語　2010年4月号より抜粋

放送をＮＨＫのホームページ「ラジオ番組ストリーミング」で聴くことができます。参考までに、「入門ビジネス英語」のスクリプト（表3）を抜粋しましたので、参考にしてください。

ＮＨＫのテレビ番組も面白い

ＮＨＫの英語講座には、ラジオだけでなくテレビ番組もあります。

テレビ講座には「ニュースで英会話」というニュース英文を読み上げる番組があり、発音も明瞭でおすすめです。ＮＨＫのホームページからでも視聴でき、リスニングの練習にもなります。そのときどきの旬のニュースを取り上げていますから、興味を持って聴くことができると思います。また、「ワンポイント・ニュースで英会話」というタイトルでラジオでも放送しています。どちらか利用しやすいほうで、一度、試してみるといいでしょう。

また、日本の文化を英語でどう説明するかをテーマにした「トラッド・ジャパン」というテレビ番組もあります。日本文化を外国人に説明するのは、英語力があってもなかなかむずかしいもの。「なるほど」と思う英語表現も多く、とても勉強になります。

もう一つ、おすすめのテレビ番組に、私の好きな「リトル・チャロ」があります。これは日本で生まれた犬のチャロの冒険ストーリーで、2008年に放送され、人気を博しました。キャラクターがかわいいのと、簡単な英語を使っているにもかかわらず、扱っている内容は意外と奥が深く、大人が見ても楽しめます。なかには、とてもよいセリフが含まれていて、私自身、感動して書き写した文章もありました。現在はパート2を再放送中ですが、テレビ、ラジオ、インターネットなどと連動しながら英語を勉強できますので、ぜひチャレンジしてみてください。

これらの講座を録音したり、別売のCDを購入したりして、通勤時間などで利用するなど、とにかく何度も聴き、音読します。それがリスニング力アップにつながります。

「英語力測定テスト」 http://eigoryoku.nhk-book.co.jp/
「ラジオ番組ストリーミング」 http://www.nhk.or.jp/gogaku/streaming.html
「チャロ2オンライン」 http://cgi2.nhk.or.jp/charo-nclub/index.cgi

プラスアルファとして使いたい教材とは

毎日使う教材に加えて、楽しみながら学べる教材もたくさんあります。いくつか紹介してみましょう。

◎映画やドラマのDVD

楽しみながら英語に触れる教材としては、映画のDVDがあります。いまは日本語字幕と英語字幕のどちらかを選べるようになっていますから、英語字幕にして映画を鑑賞してみましょう。聴くことに意識を集中しながら見ると、リスニングの練習になります。また、英語を英語で理解する訓練にもなりますので、ぜひトライしてみてください。

海外ドラマもおすすめです。日常生活を扱ったアメリカ・ドラマ『フルハウス』などのような連続ホームコメディー（英語ではsituation comedy、略してsitcom）は、日常会話の表現を覚えるのに格好の教材です。ホームドラマなら聴き取れない英語があっても楽しめますし、笑いの効果音が入るので、どこが笑いのつぼなのかが確認できて、ジョークやユーモアを理解するのにも役立ちます。

私の知り合いは、アメリカの連続ドラマ『フレンズ』を見ながら英語を勉強して、イギリスの大学院に留学しました。実際にどういう場面で、どういうセリフを使うのかを学ぶことができるので、映画やドラマは貴重な教材となります。

◎副音声で聴くニュース

ニュース番組を副音声で見るというのも、日常的に英語に触れることができ、おすすめです。すでにニュースの内容を知っていたり、日本語字幕が出たりするので、理解しやすいと思います。ある程度、内容がわかったうえで英語を聴くと、英語の表現に集中することができ、語彙も増やせます。「へぇ〜、英語ではこう表現するんだ」とたくさんの発見があり、楽しく勉強することができると思います。

ニュースを聴くときには、まず何のニュースなのかという大枠を理解するようにしましょう。それができたら詳細を聴き取る練習をします。一日の終わりに「今日はどんなニュースがあったのかな？」とテレビをつけて、リラックスしながら英語のニュースを聴けるようになれれば、しめたものです。

◎洋楽

音楽が大好きな方は、ぜひ洋楽を通して英語を学びましょう。メリットは、歌いながらリエゾンを自然と覚えられること。洋楽の歌詞はリエゾンで発音しないとメロディーにうまく乗れないため、自然とリエゾンを覚えることができるのです。

これは歌うのが好きな人に向いている練習法です。洋楽のなかでもバラードのようなゆっくりとした曲が最適。カーペンターズやビートルズの名曲には初心者でも歌えるようなバラードがかなりあります。歌詞を手に入れて意味を味わいながら歌ってみましょう。個人的には、"Yesterday""Hey Jude""Yesterday Once More""Close to You" などがおすすめです。

おすすめしない英語の教材とは

おすすめしない音声教材のトップは、ＴＯＥＩＣやＴＯＥＦＬ、英検などの試験対策用のリスニング問題です。

これらの試験を受験するのであれば、試験対策として当然必要となりますが、試験を受けるつもりがなければ絶対におすすめしません。そもそも試験問題とは実力をはかるためのものであって、実力を伸ばす目的ではつくられていません。

こうした試験対策用のリスニング問題は、何の脈絡もない会話や味気ない文章で構成されているため、興味を持って聴くことができないのです。面白くない内容は頭に残らず、リスニングの力を伸ばすことはできません。

たとえ、試験を受ける予定があっても、テスト対策用の教材だけでなく、興味を持って毎日聴き続けられる音声教材も用意して聴き取り、そして音読の練習をしましょう。そのほうが確実にリスニングの力が身につきます。

第二節　習慣その2――多読をする

多読で生きた語彙が身につく

「3つの習慣」のなかで次に強調したいのが「多読」です。ペーパーバックや英語の新聞雑誌、またインターネット上の新聞などをたくさん読むのです。そうすれば英語に日に日に慣れていき、英語を英語で理解する練習にもなります。

その際、できれば黙読より音読したほうが、英文が頭に入りやすくなります。日本語の新聞でも文字を声に出して読むと、大脳の前頭前野という部分が活性化し、思考力やコミュニケーション能力、記憶力などが伸びるといわれています。

また、ゲッティスバーグの演説で有名なアメリカの第16代大統領のエイブラハム・リンカーンは、周りの人が辟易《へきえき》するぐらい、いつも大声で新聞を読んでいたそうです。声に出すと内容が頭に入るだけでなく、スピーチの練習にもなったからでしょう。

ペーパーバックはストーリーが長く、最初から最後まで音読することは無理ですが、新聞や雑誌の記事なら音読することができます。スムーズに音読できるようになったら、黙読に移行してもいいと思います。

言語の習得段階としては、音読のスピードがそのまま黙読に移行するといわれています。文章をスムーズに音読できない人は、黙読でもスムーズに読めないため、読むスピードが遅くなるそうです。それだけ音読は大切だということです。

次に、ペーパーバックや新聞などを多読する際のコツについて紹介します。

多読をするにはコツがある

小説のように時系列でストーリーが展開している英語は、途中を飛ばして読むわけにいきませんが、新聞や雑誌の記事やホームページの文章を読む場合は別です。

日本語の新聞にも、まず見出しがあり、次に概要を記したリードが続き、さらに本文で詳しい内容が書かれています。読者の皆さんのなかにも、忙しいときは本文を読まず、見出しとリードでおおよその内容をつかんで終わり、という方も多いのではないでしょうか。

英文の新聞や雑誌も、それと同じように読めばいいのです。全文を最初から最後まできちんと読まなければ理解できない、という思い込みは捨てましょう。自分の必要としている情報がどこに書いてあるかをできるだけ早く見つけ、その部分だけ読めばいいのです。

私も昔は学校教育の刷り込みから、「最初から最後まで読まなければいけない」と思い込んでいました。その思い込みが間違いだと気づかされたのは、社会人になって留学したアメリカでの経験でした。大学院の授業はハードで、しかも山のような宿題が出ます。1回の授業の予習に本を1冊丸ごと読まなければならない、それが1日に何科目もあったのです。たとえ日本語で書かれた本でも、1日に数冊も読むなんて無理です。

途方に暮れた私は、アメリカ人のクラスメートに「いったい、どうやってみんな予習をしているの？ 本当に課題の本を全部読んで授業に出ているの？」と聞いてみました。彼女の答えは、「全部なんて読むわけないじゃない！ 各章の最初のイントロ（導入）部分と最後の結論部分を読むだけで、だいたいの内容は推測できるわよ。そうやって授業のディスカッションに臨むの」と言われたのです。目からウロコとはまさにこのことです。

「そうか、みんなも全部は読まないで授業に出ているんだ！」

それからは気持ちがラクになり、必要な箇所だけ拾い読みするようになりました。そういう習慣がつくと、英語の本もどんどん読めるようになります。

一語一句をていねいに読まなくても、文章は理解できるのです。

もちろん興味のある記事や本などは、最初から最後まで存分に読み込んでいただきたいと思いますが、つまらない英語の文章をたくさん読むのは苦痛でしょうから、多読すると同時に、要点をすばやくつかむコツも習得していれば鬼に金棒なのです。

では、どういう読み方をすればいいのか、次にポイントを挙げてみましょう。

文章の最初と最後を先に読む

文章の要点が書いてある場所を知るには、英文の段落の構成について学ぶ必要があります。日本語の文章の構成は、起承転結の４部構成が一般的ですが、英文の段落はテーマ、本題、結論の３部構成になっています。

段落の最初の部分には何について書かれているか、すなわち、その段落のテーマが提示されています。次にそのテーマについての詳しい説明、つまり本題が記されています。そして最後に結論が来るという構成になっています。

このうち大事なのはテーマと結論の部分で、使っている単語や表現は違っていても、内容はほぼ同じことが書かれています。文章の内容をすばやく理解したいときには、最初と最後を読むのが鉄則です。

いくつかの段落から構成された文章も同様に、テーマ、本題、結論の3部構成になっているので、最初と最後の段落を先に読んでおくと文章全体の内容を理解しやすくなります。

表4に示した文章は、ニュースの記事を抜粋したものです。この記事で実際に文章の構成を確認してみましょう。

まず、新聞やニュース記事は、タイトルと最初の段落に記事の基本情報がすべて含まれています。ここだけ読めば、記事の要旨は理解できるようになっています。

この記事の場合、最初の段落で「2時間以上のテレビ視聴が心臓病と健康のリスクを増大させる」、最後の段落で「この問題は急を要する」と紹介してあり、テレビ視聴の健康被害について書かれていることがわかります。そして、間にはさまれた3つの段落で、研究内容を具体的に説明しています。

アンダーラインを引くと、頭に入りやすい

日本語の文章を読むとき、重要な箇所にアンダーラインを引くことがあると思います。

表4　英文記事の段落構成

Two hours of TV-watching boosts heart risk

Posted : 11 January 2011　出典 : Channel News Asia

テーマ（Introduction）

WASHINGTON : People who spend more than two hours per day of leisure time watching television or sitting in front of a screen face double the risk of heart disease and higher risk of dying, said a study on Monday.

要旨　毎日2時間以上テレビの前に座っていると、心臓病にかかるリスクが2倍になり、寿命も縮むという研究が発表された。

本題（Body paragraphs）

Researchers said the effect was seen regardless of how much people exercised, indicating that how we choose to spend our free time away from work has a huge impact on our overall health.

要旨　研究では、運動量に関係なく、余暇の過ごし方が健康状態に大きな影響を及ぼすと指摘している。

"It is all a matter of habit. Many of us have learned to go back home, turn the TV set on and sit down for several hours - it's convenient and easy to do," said Emmanuel Stamatakis, expert in epidemiology and public health at University College London.

要旨　疫学と公衆衛生の専門家Emmanuel Stamatakis氏によると、多くの人は帰宅した後、テレビの前に何時間も座ってのんびりしてしまうが、これはすべて習慣の問題なのだという。

"But doing so is bad for the heart and our health in general," said Stamatakis, who along with the other study authors is advocating public health guidelines to warn of the risks of being inactive during non-work hours.

要旨　Stamatakis氏は、余暇の時間に身体を動かさないことのリスクを、他の公衆衛生の専門家と共に警告している。

結論（Conclusion）

Such warnings are urgent, "especially as a majority of working age adults spend long periods being inactive while commuting or being slouched over a desk or computer," said the study in the Journal of the American College of Cardiology.

要旨　多くの勤労者は通勤やデスクやコンピュータの前で過ごす時間が長く、身体をほとんど動かすことがないので、こうした警告は急を要するものである。

英語を読むときも、同じように内容的に重要だと思う箇所にアンダーラインを引きながら読むと、頭に入りやすくなります。間違っても、知らない単語や重要ではない構文にアンダーラインを引いてはいけません。

各段落の要旨にアンダーラインを引き、段落と段落の関係を考えながら文章を読んでいくと、論理の展開がわかりやすくなり、まだ読んでいない部分に書かれている内容も予想できるようになります。

意味は前から順に理解する

英語は左から右へと読み書きします。当然、読むときも、左から右へと目が移動していきます。決して戻ることはありません。

ところが、英語を日本語に訳すクセがついている日本人は、主語と動詞を確認した後、文章を分解し、後ろから訳そうとします。実際に英語を使いこなすためには、そのクセを正す必要があります。

英語を理解することと翻訳することは、まったく別の作業なのです。学生時代のように後ろから訳してはいけません。

とにかく、目に入った単語を順番に理解すること。それが鉄則です。

〈例〉The computers that we ordered have arrived.
翻訳→私たちが注文したコンピュータが届いた。
理解→The computers / that we ordered / have arrived.
（コンピュータ／私たちが注文した／届いた）

まずは辞書を引かずに読む

もう一つの日本人のクセ、それはわからない単語を見ると、すぐに辞書を引くというものです。実際、学校ではそうやって教わってきました。

実は、その前提が間違いなのです。そもそも英語を読んだとき、すべての単語を知っているということはありえません。私もわからない単語に出会うことはよくあります。

その度に辞書を引いていたのでは、時間がかかりすぎてしまいます。そんなことをしていたら、読む気力がなくなってしまうでしょう。

たとえば日本語の新聞を読んでいても、経済用語や時事用語など、わからない単語は出てきます。しかし、いちいち辞書を引いたりはしません。たいていの人は、おおよその内容を理解できればいいと思って新聞を読んでいます。

英語もそれと同じ。まずは辞書を引かずに、どれくらい文章を理解できるかを確認します。もし、まったく理解できないというならば、それはレベルが高すぎるということです。もっと、自分のレベルに合わせた本や新聞、雑誌を読むようにしましょう。むずかしい英文に悪戦苦闘すると、日本語訳を考えるようになってしまい、よくありません。理解できるレベルから徐々にステップアップするほうが楽しく文章が読めるようになります。

わからない単語は文脈から推測する

『わからない単語は勘を働かせる』(54ページ)のところで触れたように、英文は虫食い状態で理解するのが当たり前です。

リスニングの場合は耳から入る英語を推測しなければならないので、非常にむずかしくなりますが、リーディングの場合は目で文字を追うことができ、リスニングより理解しやすいと思います。

リスニング力を伸ばすためにも、リーディングで英文の内容を推測できるようにしましょう。それを習慣にできれば、リスニングでも頭から英文を理解できるようになります。

わからない単語の前後には、ヒントになる単語、すなわち同意語や反意語があるはずです。それを探して意味を推測するのです。最初は推測した内容が合っていたかどうかよりも、推測する習慣を身につけることのほうが大事なのです。

〈例〉次の文中のsurged、surgeの意味を文脈から推測してみてください。

China's retail sales for the Lunar New Year holiday surged 19 percent year-on-year in one of the biggest rises in a decade, signaling a surge in domestic consumption according to state media.

これは、旧暦のお正月休み期間の中国での小売りの売り上げ高についての文章です。surged 19 percent とあるので、売り上げが19％上がったか、あるいは下がったかについて書いてあるはずだと予想し、後に出てくる the biggest rises をヒントに、surge は「上がる、増加する、上昇する」という意味だろうと推測します。ちなみに、動詞 surge の英英辞典の説明は to increase suddenly by a large amount です。

最初に英英辞典を引く

英文を読むとき、まずは辞書は使わず、文脈から推測するのが鉄則ですが、どんな内容かを確認するためには、やはり辞書は必要です。しかし、ここで最初に使うのは英和辞典ではありません。使うのは英英辞典にします。

私が学生時代からやっておけばよかったと後悔していることの一つに、英英辞典の使用があります。高校時代から英英辞典を使っていたら、どんなに語彙力がついただろうと考えると、本当にもったいないことをしたと悔しく思います。

残念ながら、だれからも英英辞典を積極的に使うようにアドバイスされたことはありませんでしたし、英語学習法の本にさえ書いてなかったと思います。ですから、留学するまで英英辞典を使ったことはありませんでした。日本で英語を学習している分には、英英辞典を使う必要性など感じなかったのです。

英英辞典を使うようになったのは、アメリカ留学がきっかけです。アメリカの大学院の授業では、日本語訳を知っていても役に立たないことがわかったからです。

たとえば、授業中、事前に読んでおいた論文の内容を要約したり、意見を発表したりしなければなりません。予習として勉強する分には英和辞典で十分ですが、いざ発表するとなると、いちいち日本語から英語へ言い換えるのが大変で、うまい英語表現も見つかりませんでした。どうしたものかと悩んだ末に「読んだ文章の内容を、自分が使いこなせる範囲の簡単な単語に言い換えて説明すればよい」ことに気づき、英英辞典を使い始めたのです。

それからは、わからない単語は英英辞典を引き、単語の意味も英語でメモするようにしました。たとえば、さきほど出てきたsurgeという単語であれば、以前なら「急騰する」と日本語でメモしていましたが、英英辞典を使い始めてからはincreaseと覚えやすい単語に言い換えてメモするようになったのです。

英英辞典を使い始めてから、少しずつ日本語に訳して文章を理解するという習慣がなくなっていきました。また、英英辞典の語彙の説明は英和辞典よりわかりやすいので、単語がイメージしやすく、ニュアンスの違いもよくわかります。

英英辞典は、英文を日本語で考えていた習慣から私を解放してくれました。日本語に訳さなくても英文を理解できることに気づかせてくれたのです。さらに、日本語に訳さないため英文を理解するスピードが2倍ぐらい速くなったように感じました。コンピュータでも英語を日本語に変換していたら時間がかかります。人間の脳でも同じことです。

英英辞典のよさはこれだけではありません。英和辞典の例文に比べて質が高いのです。英和辞典の例文のなかには、受験英語に出てくるような不自然な文が含まれていることがありますが、英英辞典にはそれがありません。実際に使えそうな文が掲載されているので、例文だけを見ても、とても勉強になります。

そうはいっても、「自分にはレベルが高すぎる。英和辞典で十分だ」と思う人がいるかもしれません。しかし、英英辞典はそれほどむずかしくはありません。中高生レベルの単語を使って説明していることも多いのです。まずは英英辞典で意味をチェックし、その説明文がむずかしいと感じたら、英和辞典を使えばいいのです。

英英辞典は、英語を英語で理解する習慣をつけるのに最適な教材といえます。活用しない手はありません。また、むずかしい単語を簡単な単語でどのように説明するかがわかり、言い換え表現にも慣れていきます。

たとえば、purchase をロングマン現代アメリカ英語辞典で引くと、次のように書いてあります。

purchase　→　to buy something, especially something big or expensive

purchase は buy と説明されています。「ああ、そうか」と思うと同時に、「purchase = buy」と頭にインプットします。また、「大きいもの、高いものを買うときに使う」という状況も理解できます。このとき、決して日本語訳で「購入する」と覚えてはいけません。あくまでも英単語で覚えるのです。これが、英語を英語で理解する練習になります。

私の研修では、受講生の方々に積極的に英英辞典を使ってもらうようにしています。インターネットで「英英辞典」で検索すると、「Longman」などフリーの英英辞典が見つかるので、使いやすいと思ったものを利用するといいでしょう。

わからない英文は3回読む

一度読んでわかりにくかった文章は、もう一度読みましょう。少なくとも全文を3回は繰り返し読みます。

わからないと諦めるのではなく、繰り返し読むことで英文になじんでいけるようになります。何度も読むことで、なんとなくわかることもあるのです。

また、「文章の内容を完璧に理解しないといけない！」という気持ちは捨てましょう。大意が理解できたらOKとして、次の文章に進みます。

細かい部分がわからなくても、気にしてはいけません。より多くの英語に触れることが重要なのですから。理解できない箇所が少しぐらい残っていても問題なし！　次に進むにつれて力がつき、以前わからなかった文章がわかるようになっていきます。

辞書を引かずにスラスラ読めるレベルが最適

英文を和訳せず、英語のままで理解するためには、スラスラ読める程度の文章をドンドン読んでいくこと、それに勝るものはありません。自分に合ったレベルのテキストを選ぶのがポイントです。

たとえTOEICで高得点を取っている人であっても、英文を英語で理解できない人は少なくありません。初心者レベルであっても、英文を英語で理解できるようになれば、英語の習得スピードが大幅に速まります。

むずかしい英文にトライするよりは、やさしい英文を読みこなすことのほうが英語力アップの近道なのです。初心者は絵本のような英文をどんどん読み進めるといいでしょう。

原書を読む

書店の語学コーナーに行くと、スピーキング、文法、リスニングの本が圧倒的に多く、リーディングの本は限られています。日本人にとって、「英語の文章を読む＝テスト対策」というイメージなのがとても残念です。

しかし、本を読む楽しさを知っている人は多いはず。翻訳本ではなく、原書でどんどん文章を読んでみましょう！　原書の英語が理解できるようになると、著者のメッセージやストーリーがダイレクトに伝わってくるので、ワクワク・ドキドキ感が全然違います。原書を読む楽しさを一度知れば、翻訳本はもう手に取れなくなります。

実際のところ、書店で平積みになっているビジネスや自己啓発の翻訳本のなかには、比較的シンプルな英語で書かれた本が多く、文章自体の難易度は大学受験レベルより低かったりします。

ところが、かなり英語ができる人ですら「原書はむずかしい」という先入観があり、翻訳本を読むことが多いようです。また和訳しながら本を読む習慣が身についているせいか、日本語訳がついていない本を読むことに、かなり不安を感じてしまう人もいます。

自分の理解が正しいかどうか不安なら、簡単なストーリーから始めましょう。翻訳本より原書のほうが絶対に面白いと思います。

学習者向けのペーパーバックとは

ネイティブが読むようなペーパーバックにトライするのはとても無理という方には、Longman Penguin Readers または Oxford Bookworms シリーズの学習者向けペーパーバックをおすすめします。

これらのペーパーバックスは、語彙、構文、ページ数などによって7段階にグレード分けされ、学習者が自分のレベルに合わせて、英語を英語のまま読み進められるようにリライトされています。しかも、1冊600〜800円とお手頃価格なので、気軽に購入できます。

題材はシェークスピアの戯曲から、『クリスマス・キャロル』のような古典の名作、『シャーロック・ホームズ』シリーズやアガサ・クリスティーの推理小説、『タイタニック』『カリブの海賊』のような人気映画の脚本、ベッカムの生い立ちまで、幅広いジャャンルを網羅しています。

タイトルによってはCDが手に入るものもあります。テキストと合わせて購入すれば発音の確認やリスニングの練習として使うこともできるので、英語の教材として最適です。

たとえばPenguin Readersなら、Easystarts（200語）、Level 1（300語）、Level 2（600語）、Level 3（1200語）、Level 4（1700語）、Level 5（2300語）、Level 6（3000語）の7つのレベルに分かれているので、自分のレベルが見つからないということはありません。

洋書コーナーのある大型書店には置いてありますから、実際に本を手にとって自分のレベルと合っているものを探してみましょう。

1カ月に1冊、あるいは2冊と決めて読み続ければ、1年後に見える皆さんの風景は確実に変わっているはずです。

学習者向けの新聞記事・雑誌とは

タイムリーな話題やニュースを読みたいけれど、英字新聞や Newsweek のようなニュース雑誌は無理！ という方には、「Asahi Weekly」（朝日新聞社刊 1部250円）、「The Student Times」（ジャパンタイムズ社刊 1部290円）がおすすめです。これらは週1回発行の英語学習者向けの新聞で、ニュースだけでなく、映画や音楽、コラム、英語学習に関する記事など、学習者に興味のある話題を取り上げています。語彙の注釈や日本語訳も付いていますから、辞書を引かずに楽しめる新聞です。

定期購読をすれば毎週郵送してもらえますし、ホームページ上でもさまざまな記事やコラムにアクセスできますから、どんどん利用しましょう。

（参考）Asahi Weekly：http://www.asahi.com/information/english/
The Student Times：http://www.japantimes.co.jp/shukan-st/

大統領の演説も聴き応えあり

英語であれ日本語であれ、読むことの楽しさは、世界がどんどん広がって人生を豊かにしてくれることです。前に紹介したペーパーバックと学習者向け新聞のほかに、私がおすすめする教材を2点ご紹介します。

◎NHKテレビテキスト　ギフト　～E名言の世界～（4月～9月）

２０１０年4月～9月に放送されたＮＨＫ教育テレビの語学番組のテキストです。ヘレン・ケラー、坂本龍馬、松下幸之助、アインシュタインといった古今東西の偉人たちが残した珠玉の名言を、英語を通して学ぶ番組でした。残念ながら放送は終了してしまいましたが、テキストを読むだけでも、英語だけでなく、よりよい人生を生きるヒントを学べます。

ＮＨＫの番組サイトでも見ることができます。

http://www.nhk.or.jp/gogaku/english/gift/

◎アメリカ大統領の演説

アメリカ大統領のスピーチは、一流のスピーチライターが練りに練った感動的な内容で、英語教材としても第一級のものです。インターネットで映像、スピーチ原稿、音声の検索が可能なので、演説を通して英語を学んでほしいと思います。

第三節　習慣その3——必要最低限の英語表現を覚える

スラスラと英文が出るまで音読する

「3つの習慣」のなかで3つめに重要なのが、必要最低限の英語表現を覚えることです。そのためには英文を覚えなければなりませんが、暗記科目のように文章を記憶する必要はありません。

すでに何度も書いているように、音読することで口や脳に覚えさせるのです。

前述した『リスニング力アップには毎日の音読！』（49ページ）では、1日20分間の音読を習慣づけることが大切だと書きましたが、それで頭に入らなければ、翌日も同じ英語を5回音読してみましょう。そこまで音読すれば、口の筋肉が英語筋に変化し、自然に英語が口から出てくるようになります。

英語の音声教材を聴くときは、最初にテキストの英語を見ずにどれくらい聴き取れるかを確認します。それからテキストを見て、ざっと内容を理解し、再度、聴き返します。その際、テキストを見ながら音読してもいいですが、何度も音読を繰り返し、最終的にはテキストを見ずにリピートできるようになれば、しめたものです。

音声教材を聴くときの手順は以下のとおりです。

1　テキストを見ずにどれくらい理解できるか確認
2　テキストを見て、大意をつかむ
3　テキストを見ながら、何度も音読を繰り返す
4　テキストを見ずに言えるようになるまで音読する

英語表現を覚えると、頭のなかで日本語から英語に訳さなくても、すんなり英語が口をついて出てくるようになります。それが英語を繰り返し音読するねらいです。

頭に入ったかどうかの確認として、英語の日本語訳をチラッと見て、英語表現がスラスラと言えるかどうかを確かめます。それができるようになれば、英語表現を覚えたことになります。

ただし、日にちが経てば、忘れてしまいがちです。できれば復習として、音読を繰り返しましょう。その積み重ねが英語力アップにつながり、自然と英語表現が出てくるようになるのです。

リスニング用の会話文を覚える

英語表現を覚えるには、リスニング用のテキストを使うのが一番です。そこで使われている表現を何度も音読し、文章が頭に入ったら、今度は単語を置き換えて自分の言いたいことを伝える練習をします。

簡単な例で説明しましょう。

相手の着ているワンピースが素敵だとコメントするとき、皆さんは英語でどう表現しますか？

「あなたのワンピース素敵ね」と考えて、

Your dress is beautiful. という英文を考えた方がほとんどだと思います。

しかし、実際によく使われる英文は、

I really like your dress. Where did you get it? というものです。

もちろん、Your dress is beautiful. は文法的に正しいですし、不自然に聴こえるわけではありません。しかし、このような場面で人を褒めるときには「I like 〜」を使うのが一般的です。こうした英語表現は他にもたくさんあります。

それらをテキストの会話文を通して学び、実際に使って自分の表現にしていくことが大切です。それが英語表現を覚えるための習得のプロセスといえるでしょう。

そもそも初心者が自分のいいたいことを英語で自由に表現できるわけがありません。よく英借文といいますが、最初の頃は習った文を借りながら、意思疎通を図っていくのです。むずかしい英文をつくる必要はありません。どんなに稚拙でもいいですから、日本語を介さずに英語で読み、書き、話すことが大切です。和英辞典で単語を探し、複雑で長い英文をつくるよりは、シンプルで短い英文でいいたいことを表現したほうがよほど相手に伝わります。

まずは、日本語から考える習慣をやめ、基本的な英語表現を覚えましょう。それがスラスラと出てくるようになれば、ネイティブとの会話もスムーズにいくようになります。

巻末付録の英語表現44を覚えよう!

巻末に、重要な文法、そして英語表現を使った対話のパターンを載せました。これらの英語表現を何度も音読して覚えれば、日常的なコミュニケーションはかなりこなせるようになります。文法用法と英語表現が身につく一石二鳥の例文ばかりなので、ぜひ自分のものにしてくださいね。

もし同僚やパートナー、家族などで一緒に英語を勉強している方がいる場合は、2人で対話しながら覚えていくと、より生きた表現となるでしょう。

第三章　絶対にやってはいけない英語勉強法

受験英語の勉強法は忘れよう

これから新たに英語を勉強しようと思っている方に覚えておいてほしいことは、学校で学んできた受験用のやり方を繰り返してはいけないということです。

受験英語の勉強法をやっていては「聴けない・話せない・書けない英語」になってしまいます。6年間も英語を学んできたのに、まったく通用しない英語になっているのは、まさに受験英語の弊害といえます。

いままで書いてきたことと重複するところもありますが、「絶対にやってはいけない勉強法」として、あえて強調したいと思います。

第一節　スピーキング編

熟語集は使わない

受験英語では熟語や重要構文を覚えることが必要不可欠でした。テストで高得点を取るためには、それが必要だったからです。その刷り込みで、学習者のなかには、気の利いた熟語の数を増やすことが英語力アップにつながると思い込んでいる人が少なからずいます。「手っ取り早く熟語を覚えよう」と、会話によく出る熟語を集めた本を購入する人もいます。

しかし、実際の会話は熟語のオンパレードのようなものではありません。たとえば、ある英会話の本に、Jack and I go way back.（ジャックと私は長い付き合いです）という文が紹介されていました。go way back は「長い付き合いだ」という意味の熟語です。このような表現を知っているとカッコイイ感じがして、熟語を暗記することが会話力を伸ばす秘訣《ひけつ》だと思われがちです。ところが、go way back は付き合いの長さが話題に上ったときにしか使えず、あまり一般的とはいえません。

むしろ現在完了形「have / has ＋ 過去分詞」を使って、Jack and I have known each other for a long time. あるいは I've known Jack for a long time. と表現するほうが一般的です。このように現在完了形を使えば、熟語を知らなくても簡単な動詞で表現することができるのです。

実は、現在完了形「have / has + 過去分詞」という文法は、ネイティブ同士の会話によく登場します。これは「過去に始まった状態が、現在まで続いていること」を表すときに使いますが、現在完了形を使わずに会話するのがむずかしいくらい、日常的に使われる表現なのです。

現在完了形は、文章を覚えておけば、主語や動詞を置き換えるだけで、すぐに日常的に使うことができます。新たに英語表現を覚えるときには、滅多に使わない熟語より、このように応用範囲の広い言い方を覚えるようにしましょう。

では、熟語集の熟語の代わりに、何を覚えればいいのでしょうか？

その答えは簡単です。リスニングで聴いている会話文に出てくる表現を覚えればいいのです。

熟語集では、熟語が羅列してあるだけなので、どういう場面で、どういうときに使えばいいのかわかりにくく、実際の英会話に役立てることができません。その点、リスニングで聴いている会話にはストーリーがありますから、どういうときに使うのかが理解できます。単語や熟語は、前後の脈絡を理解することで初めて覚えられるものなのです。

言いたいことを日本語で考えてはいけない

以前、ある企業のエンジニアを対象に、英文メールの書き方をレッスンしたことがあります。海外の取引先との英語のメールのやりとりに苦労していて、実際に使える英文メールの書き方を覚えたいということでした。

そこで、ふだん書いているメールを全員に持ってきてもらい、目を通してみました。すると、どれも日本語で書いた文章を、和英辞典を使いながら苦労して英訳したような文章ばかりだったのです。そのなかには、無理矢理、英文にしたような表現もありました。

たとえば、全員に共通していたのが、「お世話になります。○○株式会社の△△です」に相当する英文でした。英語圏にこうした表現はありませんから、かなり苦労して英訳したことがうかがえます。そして、このあいさつ文に続いて、購入した部品に不具合が生じている状況などの説明文があり、最後に部品に関する問い合わせで締めくくられていました。

どのメールもほぼこのような内容でしたが、残念ながら、どれも非常にわかりにくいといわざるをえませんでした。

『文章の最初と最後を先に読む』（91ページ）で紹介したように、英文の構成は3部構成が一般的です。その流れからすると、最初にメールを書いた理由（テーマ）を書き、次に状況説明（本題）に入り、最後に結論として「連絡を待っている」という文で締めくくるのが通常の文章の流れなのです。

実は、学習者の大多数がこのエンジニアの方々のように、文章の構成や単語を日本語の方式で組み立て、そこに英語を無理矢理押し込めようとして失敗しています。

そもそも日本語と英語はかなり違った言語構造を持っているのです。それを念頭に置かないと、相手に通じる英文を書くことはできません。

まず、日本語と英語では語順がまったく違います。そのため、日本語から英語に変換しようとすると、日本語の語順に影響を受けてしまい、不自然な言い回しになってしまうのです。英語には英語独特の表現があります。それらの表現を理解せずに単語だけをつなげても、不自然な、ときには意味不明な英文になるだけです。

日本語を英語に変換するクセは捨てて、英語独自の表現を覚えていくよう心がけましょう。

英会話スクールに通っても上達しないワケ

どこかの英会話スクールのコマーシャルの影響でしょうか。日本人のなかには、英会話スクールに通って外国人から習わないと、会話力が伸びないと思い込んでいる人がいます。

もちろん、外国人と話す機会があれば、「英語を勉強しよう」というモチベーションにはなるかもしれません。しかし、初心者レベルの場合、自己紹介や週末の出来事を言う練習をしたり、テキストに載っている英語の読み合わせをするぐらいなので、わざわざ高い授業料を払って外国人講師に教えてもらう必要はないと思います。

会話をするにはインプット、すなわちベースになる英語の学習が必要です。そもそも聞いたり、読んだりしたことのない文を話せるわけがありません。アウトプット（スピーキング）の量はインプット（リスニングやリーディング）の量で決まり、インプットがあって初めてアウトプット、つまり会話ができるようになるのです。

外国人講師から学ぶのは、英語の基礎力を身につけてからで十分間に合います。それまでは、これまで紹介してきたような方法で英語を覚え、すぐに使える英語表現や単語を増やすことが先決です。

『お金をかけるより、時間をかける』のです。

それでも「外国人と話すチャンスがないと、英語が話せるようにはならないのではないか？」と考える人は多いと思います。もちろん、英語を話す機会がある方が習得のスピードが速まるのは確実ですが、それが絶対条件ではありません。

私自身の経験をお話しすると、アメリカに留学するまで外国人と話す機会はほとんどありませんでした。それでも、大学院で勉強できるぐらいの英語力を身につけることはできたのです。

ちなみに大学時代には、週1コマの英会話の授業、アメリカ・カナダでの6週間のホームステイ、モルモン教の宣教師が行う週1回の無料の英会話クラスに通ったこと以外、外国人と接する機会はありませんでした。その他、大学ではESSという英語のサークルに入って、ディスカッションやディベート、スピーチを英語でやっていましたが、日本人の学生が内輪でやっていただけです。

社会人になってから留学したアメリカの大学院には、アジアからの留学生がたくさんいました。日本人留学生も含めて、私が友人になった留学生はアメリカに来るまで外国人と接するチャンスはほとんどなく、独学で英語を身につけてきた人たちばかりでした。

外国人と接することがなくても、英語力をアップさせることはできるのです。語学の習得に必要なのは、結局、「やる気」なのだと思います。まずは、いま自分ができることを一生懸命やることが大切です。

文法を軽視してはいけない

世の中には英語を覚えるのに「文法など必要ない」と主張する人がいます。その根拠は「日本人が日本語を話すとき、いちいち文法を考えたりしない」というものです。

確かに日本で生まれ育った人なら、人と話すときに文法を考えて話す人はいません。

それは赤ちゃんのときからずっと日本語に接し、こういう場面ではこういう言い方をするという、さまざまな表現を自然と覚えていくからです。周りの人の会話を聞いているうちに、自然と頭のなかに文法ができていくといったらいいでしょうか。

確かに、文法がわからなくても、海外旅行中であれば、単語の羅列やジェスチャーだけで、どうにか意思を伝えることは可能かもしれません。しかし、そのようなコミュニケーションでは自分の気持ちや感情を伝えたり、意見を述べたりすることはできません。ましてや正確さが要求される仕事には使えるわけがないのです。

文法を知らないと、とくに苦労するのがライティングです。会話なら単語を並べるだけでも意思を伝えられるかもしれませんが、文章は記録が残るだけに、読める英文でないと恥をかいてしまいます。

私が以前、研修を担当した受講生からも同じような苦労話を聞いたことがあります。勤務先の会社が外資と合併した後、週報を英語で提出することになり、それを書くのに丸一日つぶれてしまうため、やるべき仕事がたまって大変だという話でした。

読める文章にするためには、ある程度の文法の知識が必要となります。とくに、日本語と英語では語順がまったく違うので、文法を理解していなければ、読める文章をつくることはできないのです。

だからといって、受験勉強で学習したようなむずかしい文法用語や複雑な文法を覚える必要はありません。中学3年生までに学習する文法が使えれば、基本的なことは表現できます。まずは重要な文法を含んだ例文を、語順を意識しながらそっくりそのまま覚えればいいのです（巻末の英語表現も最適！）。

何度も音読して頭に入ったら、主語や名詞などの単語を自分に関係するものに入れ替えてみましょう。自然と口から出るくらい繰り返せば、ネイティブとの会話もスムーズにいきます。

ちなみに、中学・高校レベルの文法の復習におすすめのテキストをいくつか紹介します。いずれも洋書ですが、日本語訳付きです。日本人が書いた文法書に比べ、正しく実用的な文法を解説しています。

◎中学生レベルの文法のテキスト

『マーフィーのケンブリッジ英文法（初級編）』（マーフィー著）

『スワンとウォルターのオックスフォード実用英文法・パートA』
（マイケル・スワン／キャサリン・ウォルター著）
◎高校生レベルの文法のテキスト
『マーフィーのケンブリッジ英文法（中級編）』（マーフィー著）
『スワンとウォルターのオックスフォード実用英文法・パートB』
（マイケル・スワン／キャサリン・ウォルター著）

第二節　リスニング編

すべての単語を聴き取ろうとしてはいけない

日本人が英語を聴くとき、一語一句すべてを聴き取ろうとします。『イメージで理解する』（52ページ）で説明したように、キーワードさえ聴き取れれば内容は理解できます。aやthe、onやinなどが聴き取れなくても問題ないのです。

そもそも耳に入ってきた情報のすべてを聴き取る必要はありません。たとえば会議のとき、自分の仕事に関係のないことは上の空になることがあります。テレビの天気予報を聴いているときも、自分の住んでいる地域以外の情報は聴き流したりします。東京に住んでいるのに群馬の天気予報を聴く必要はないからです。

英語も同じです。必要な情報さえ聴き取れれば、それで十分です。

たとえば、海外の空港にいるとしましょう。アナウンスがあったとき、自分の乗る飛行機がいつ出発するのか、何時から搭乗できるのか、それさえ聴き取れれば、それ以外の情報は必要ないのです。

つまり、リスニングの目的というのは、自分にとって必要な情報を聴き取ることなのです。耳に入ってきたことすべてを聴き取る必要はなく、「これはいらない」「これは必要」という判別ができること。それがリスニング力といっていいでしょう。

英語を聴くだけではいけない

電車に乗っていると、イヤホンをつけて英語を勉強している人をよく見かけます。「がんばっているなぁ」と感心する反面、「聴くだけではだめですよ。音読が大切ですよ！」とアドバイスしたくなります。

音読に関して、次のような質問を受けたことがあります。「忙しくて家で音読をする時間が取れません。電車のなかで、口パクで英語を読む練習をしているのですが、それではだめですか？」というものです。

その方の気持ちはよくわかるのですが、残念ながら答えはノーです。自分が出した音を聴く必要があるため、口パクでは効果がないのです。

何度も音読した英語は、音読していない英語と比較して格段によく聴き取れるようになります。会話文を初めて聴いたときにどれだけ理解できたかよりも、最終的に聴き取れるようになることのほうがずっと大切なのです。そして、そういった英語をどんどん増やしていくことが、皆さんのリスニングの力を伸ばしていくことにつながるのです。

ＴＯＥＩＣのリスニング問題はやらない

会社員や就職活動をしている人にとって、ＴＯＥＩＣのスコアには無関心ではいられません。直接的に会社からプレッシャーがかかっていなくても、頭の隅っこにＴＯＥＩ

Cのことがひっかかっていたりします。ですから英語というと、ついついＴＯＥＩＣの本を手に取ってしまうのです。

『おすすめしない英語の教材とは』（86ページ）のところでも説明したように、〇月までに〇点が必要だという人や、真剣にＴＯＥＩＣ受験を考えている人以外、ＴＯＥＩＣのリスニング問題を聴くのはやめてください。内容が面白くないうえに、初心者にはスピードが速すぎますし、むずかしすぎてすぐに挫折してしまいます。

「ＴＯＥＩＣで〇点取れたらいいな」ぐらいの、軽い気持ちでＴＯＥＩＣ受験を考えている人は、ＴＯＥＩＣの本には手をつけないこと！

まずは、自分のレベルに合った、興味が持てる教材を使ってリスニングの基礎を固めましょう。

単語だけを覚えてはいけない

受験勉強の悪い影響で、日本人のなかには英単語さえ覚えれば、英文が読めるようになると思い込んでいる人が多くいます。また単語力がないから、単語帳で語彙力をつけてから英文を読もうと考えている人もいます。しかし単語だけ覚えても、読解力は伸びません。「はじめに単語ありき」ではなく、「はじめに英文ありき」なのです。これは自信英文を読まずにリーディングの力を伸ばすことは、絶対に無理なのです。ですから、自分のレベルを持って断言します。語彙力は読んだ英文の量に比例します。そして徐々にレベルを上げ、英文量を増やしていくのです。

私は職業柄、高い英語能力を持った人にたくさん会ってきましたが、共通しているのは読書家であることです。常に新聞・雑誌・ペーパーバックを携帯して読んでいます。しかし、彼らは英語の勉強が目的で、英語の文章を読んでいるわけではありません。英文に書かれた内容を知りたいがために読んでいるのです。

彼らにとって単語だけを学習するなど、とても考えられないことでしょう。文章を理解するためにわからない単語を調べるのは理解できますが、「単語だけ覚えるのは何のため？」と疑問に思うに違いありません。

英語の読解力は、英語を手段として使っているときに最も伸びます。朝起きて、何が起きたのだろうと思って英字新聞を読み、英語ニュースを聴いてください。

実は、いま書いたことは私の経験でもあります。大学時代、友人がジャパンタイムズのセールスのアルバイトをしていて、その友人から3カ月間だけジャパンタイムズを購読してほしいと懇願され、しかたなく英字新聞を毎日読むようになったのです。

せっかく購読しているのだから英語の勉強に活用しようと、毎日ジャパンタイムズを読みました。最初はわからない単語だらけで内容を理解するのに苦労しましたが、半月もすると慣れてきて、それほど苦労せずに読めるようになりました。

そして、読み始めて1カ月も過ぎた頃には、英語の勉強というよりは、日本の新聞に載っていない記事やコラムを楽しみに読んでいる自分に気づいたのです。もちろん、3カ月過ぎた後も新聞を読み続け、さらにニュース雑誌のTIME誌も定期購読しました。いつしか英語を読むことが苦痛ではなくなり、自分の世界が広がっていくのを実感したことを覚えています。

大学4年のとき、就職活動のために英検1級を受験したときも、英検のための勉強はそれほどしなかったのに合格できたのは、ジャパンタイムズとTIME誌を継続して読み続けた成果だと思っています。

ＴＯＥＩＣの問題は解かない

ＴＯＥＩＣの教材を使った学習は、受験を真剣に考えているのでなければ、私はおすすめしません。なぜなら、ＴＯＥＩＣのようなテストで出題される英文は、受験者の実力を測るためのものであって、学習者に読解力をつけさせるためのものではないからです。ＴＯＥＩＣの長文読解問題は、必要とする情報をいかに早く見つけられるかということに重きを置いています。内容は実務的なものが多く、残念ながら興味が持てるようなものとはいえません。どんなに一生懸命、文章を読んでも、内容がさっぱり頭に残らないのです。

私は10年以上もＴＯＥＩＣの研修を担当し、ＴＯＥＩＣの対策本も出版してきました。いままで目を通したＴＯＥＩＣのリーディングの問題文は膨大な量になります。にもかかわらず、読んだ文章の内容に関して、まったく記憶に残っていないのです。

文章を読む目的は、新しい情報を手に入れたり、知的好奇心を満たしたりすることにあります。読後に新しいことを学べた喜びが感じられなければ、内容について覚えられず、媒体言語である英語も身につきません。

どうせ英語を読むのなら、面白いもの、興味のあるものを選びましょう。そして、英語を英語で理解するクセをつけるとともに、使えそうな表現、気に入った表現を覚えていくのです。もちろん、そのときには音読するのを忘れずに!

英文を分析しない

学校のリーディングの授業では、英文の主語、動詞、目的語、補語をチェックし、英文を分析することに多くの時間を割いています。

実際、英語の授業をのぞいてみると、まず教師が英文を黒板に書き、主語はどれで、動詞はどれか、どういう構文が使われているかを文法的に説明し、最後に日本語に訳して終わります。授業を受ける生徒も、英語の勉強は英文をバラバラに分解して、文法的な意味を知り、日本語に訳すことだと思っています。

もちろん、わかりづらい英文では、こうした英文分析が役に立つこともあります。内容理解という目的のための手段として、英文の分析が有効なこともあるでしょう。

しかし現在、英語の授業は手段であるはずの英文の分析が目的になり、本来の目的である内容の理解はどこかにいってしまった感があります。

このやり方に慣れてしまうと、分析しなければ英文が理解できないという思い込みから抜け出せず、内容をじっくり味わうことができなくなってしまいます。コミュニケーションに必要なのは、英文の分析ではなく、内容を理解することなのです。

くれぐれもそのような英文の分析はしないように気をつけてください。

穴埋め問題だけでわかった気にならない

市販の英語の問題集をみると、穴埋め問題が数多く登場します。受験英語でも、文法を習った後、たくさんの穴埋め問題を解かされます。

たとえば、中学校で現在完了形の「結果」の文、He has cleaned his shoes. を習ったとします。その後にやるのは、文型練習ではなく、次のような穴埋め問題です。

(問題) 彼らはすでに帰宅しました。
(答え) They (have) (already) (gone) home.

このような穴埋め問題は、カッコのなかに単語を入れるだけなので、しっかり文法を覚えていなくても解答できてしまい、理解した気になってしまうのです。

しかし穴埋め問題だけでは、文法をしっかり身につけることはできません。文法というのは、数学でいえば公式のようなものです。公式を覚えるには、公式を使った練習問題を数多く解くことが重要です。そうして初めて公式が身につくのです。

そのためには、新しく学んだ文法を使って、単語を入れ替えながら、さまざまな英文を声に出して言ってみる練習を取り入れることです。文の最初から最後まで言えるようになって初めて、その文法を覚えたことになることを忘れないでください。

第四章 日本人がもっとも間違えやすい英語表現

受験英語で教える表現には間違いが多い!

受験英語がコミュニケーションの手段として通用しないことは、すでに書きましたが、英語表現として間違って覚えていることも多くあります。たとえば、文法的には正しくても、外国人にとってはおかしな英語になっていたり、文法の理解そのものが間違っていたりすることもあります。

また、文法のテキストや参考書には、コミュニケーションという観点から不適切な英文がまことしやかに使われています。

第四章では、日本人が誤解しやすい文法、コミュニケーションとして注意すべき話し方など、日本人が間違えやすい英語表現を取り上げたいと思います。

第一節　日本人が誤解しやすい文法

"I do"と"I'm doing"を混同している人が多い

日本人がよく間違えるのが、現在形と現在進行形の使い方です。

たとえば、受講生の方に英語で自己紹介をしてもらうと、I'm working for a marketing company. のように現在進行形を使う人が少なくありません。「私はマーケティングの会社で働いています」の「しています」につられて、I'm working と現在進行形を使ってしまうのでしょうが、これは間違いです。

現在進行形（I'm doing）は「いまやっていること」を表すもので、「会社に勤めている」のような「習慣」についていう場合は、現在形（I do）を使って、I work for a marketing company. といいます。

また、「早稲田大学に通っています」というなら、I'm going ではなく、I go を使って、I go to Waseda University. といいます。

自分の話したい内容が、現在の習慣か、あるいは現在進行中の動作なのかをチェックし、日本語に惑わされずに正しい時制を選ぶことが大切です。

できる人でもミスする"I did"と"I was doing"

英語力がある人でも、過去形と過去進行形の違いを正確に理解していない人が多く、驚かされます。たとえば、ある英語の教師は、「昨日、何をしていましたか?」の英訳を「〜していました」という日本語訳につられて、What were you doing yesterday? と間違って教えていました。

正しくは、What did you do yesterday? となります。

また、「私は昨日、2時間テレビを見ていました」の英訳をI was watching TV for two hours yesterday. とプリントに書いていた教師もいました。

正しくは、I watched TV for two hours yesterday. となります。

教師自身、過去形と過去進行形の違いをきちんと教えられてこなかったのでしょう。間違った英語が脈々と引き継がれているのです。

学校では過去進行形(I was doing)を「〜していた」と訳し、then(そのとき)がある場合には過去進行形になると教えます。過去形との違いをきちんと説明せず、こういうものだと自動的に教えています。なぜthenがあると過去進行形になるのかを説明しないため、基本的な文法の使い方を身につけることができないのです。
過去形（I did）とは「過去にした動作」を表します。一方、過去進行形（I was doing）は、「過去のある時点にしていた動作」を表し、動作の始めと終わりには言及しません。何が違うのか、次の例文で説明しましょう。

〈過去形の例〉
I worked from nine to six yesterday.（昨日は9時から6時まで仕事をしました）
（worked は「work という動作の始めから終わりまで」を表しています）

〈過去進行形の例〉
I was working at three yesterday.（私は昨日の3時に仕事をしていました）
（was working は「3時という時点で work という動作をしていた」ことを表し、work という動作の始めと終わりについては言及しません）

このように、過去形と過去進行形には明確な違いがあります。決して I worked at three yesterday. とはならないので、注意しましょう。しっかり覚えてもらうために、もう一つ例を挙げておきます。

〈過去形の例〉
A：What did you do yesterday?（昨日は何をしていましたか）
B：I went shopping with my family.（家族でショッピングに行きました）

〈過去進行形の例〉
A：What were you doing at two yesterday?（昨日の2時に何をしていましたか）
B：I was shopping with my family.（家族とショッピングをしていました）

絶対に理解したい"I did"と"I have done"の違い

日本語には現在完了形に相当する表現がなく、理解しづらい英文法の一つといえます。

そもそも現在完了形とは、過去に起こった動作や状態が、現在とつながりを持っていることを表します。

たとえば、「部屋の掃除をしました（だから、いま部屋がきれいです）」というとき、英語では過去形ではなく、現在完了形を使います。つまり現在完了形は「過去にした動作の結果が現在残っている」ときに使います。一方、過去形は過去に行った動作についてのみ述べていて、現在の状況については触れていません。

〈例〉
I cleaned my room.
↓部屋を掃除しました。（いま部屋がきれいかどうかはわからない）
I have cleaned my room.（= my room is clean now.）
↓部屋を掃除しました。（だから、いま部屋はきれいです）

英語の過去形は、yesterday、last night のような過去を表す単語といっしょに使います。これらの単語を使わず、「〜しました」と言うときには、過去の動作の結果が現在も残っていることを表していることが多く、その場合に現在完了形を使います。

〈例〉
I have finished my sales report.（私は営業報告書を書き終えました）
I have lost a lot of weight.（私はかなりやせました）

"I have done"と"I have been doing"の違いとは

現在完了形と現在完了進行形の違いがわかりますか？　正しく理解している人が少ないので、整理してみましょう。

ここでは、「読む」という動詞を使って説明していきます。

現在完了形のhave readは、過去から現在まで行った動作の「結果」に注目するときに使い、現在完了進行形のhave been readingは、readingという形から想像できるように、過去から現在までしている「動作」に注目するときに使います。

たとえば、「2時間前からずっと本を読んでいて、いま１５０ページめを読んでいる」とします。

「現在までの動作の結果」に注目して「いままでに１５０ページ読んだ」と言うのであれば、have read を使います。ちなみに so far は「いままでに」という意味の熟語です。

〈例〉I have read 150 pages so far.（これまで１５０ページを読んだ）

一方、「過去から現在までしている動作」に注目して「2時間前から本を読んでいる」と言うときには、have been reading を使います。

〈例〉I have been reading for two hours.（2時間前から本を読んでいる）

〈例〉「1年前から旅行をしていて、これまで30カ国を訪ねた」という状況のとき
I have traveled to 30 countries so far.（結果に注目）

（いままで30カ国を回った）

I have been traveling for a year.（動作に注目）

（私は1年前からずっと旅行している）

なお説明がわかりやすくなるように、現在完了形の文を、短縮形を使わずに書きましたが、実際に話すときには必ず短縮形（I've、you've、he's、she's、it's、we've、they've）を使います。

9割の日本人が理解していない、未来形の使い分け

学校の文法で習う未来形の表現として、will と be going to がありますが、学校ではどういう違いがあるかをはっきりとは教えていないため、使い方を間違えている人が多いようです。

たとえば、テスト問題では、will や be going to の文を「〜でしょう」「〜するつもりだ」と訳せば正解になります。なかには、will の文を be going to の文に書き換えさ

せる問題などもあり、２つの表現がまるで同じ意味だと誤解させる問題もあります。しかしネイティブの会話では、willやbe going toを明確に使い分けています。

たとえば会話の前に決めてあったことについては、be going toを使い、会話の最中に決めたことについてはwillを使います。次の例文を見てみましょう。

〈例〉レストランでメニューを決めるときの会話

A：What will you have?

B：（ア）I'll have pasta.

（イ）I'm going to have pasta.

ここでは、レストランでWhat will you have?（何にする？）という質問に対し、（ア）のwillで答えたら、会話の最中にメニューを見て決めたことがわかります。それに対して、（イ）のbe going toで答えた場合には、レストランに入る前からパスタにしようと決めていたことがわかるのです。

このように受験英語では未来形としてしか教わらなかった表現が、実際のコミュニケーションでは使い分けされているのです。ぜひ違いを覚えてほしいと思います。

次に問題にチャレンジしてください。「明日の3時にお客さんとのアポが入っています」をどう英語で表現するか考えてください。選択肢を3つ挙げました。

A：I'll meet a client tomorrow at three.
B：I'm going to meet a client tomorrow at three.
C：I'm meeting a client tomorrow at three.

正解は、CのI'm meeting a client tomorrow at three. です。

この場合、will も be going to も使えません。事例のような、すでに手配済みなことや決まっている予定については、現在進行形と同じ形、be doing を使うからです。この形は受験英語ではあまり重視されませんが、実際には頻繁に使います。仕事などで、

表5　未来形の使い分け

be doing	予定・決定事項・手配済みなこと (arrangements and fixed plans)
be going to do	決意 (decisions)・意図 (intentions) 会話の前から決めてあったこと
will do	予想 (predictions) 会話の最中に決めたこと

be doing

A：What **are** you **doing** on Friday afternoon?
(= What have you arranged to do?)

B：I'**m seeing** the HR manager. (= I have arranged to see her.)

A：金曜日の午後の予定は?
B：人事部マネージャーに会う予定です。

be going to do

A：What are you doing this weekend?

B：I'**m** just **going to stay** home and **relax**.

A：週末の予定は?
B：家でのんびり過ごそうかと思っています。

will do

A：Do you think my wife **will like** this necklace?

B：I'm sure she'**ll love** it.

A：うちの奥さん、このネックレスを気に入ると思う?
B：絶対気に入るわよ。

決定事項の予定について話すときに使いますが、「手帳に書いてあることはbe doing」と覚えるとイメージしやすいでしょう。

それぞれの使い方の違いを表5にまとめてみましたので、参考にしてください。また、それぞれの例文も挙げておきましたので、使い方を覚えましょう。

実際に使うときに間違えやすい過去完了形

日本人が文法として覚えていても、実際に使う段になると間違えやすいのが、過去形と過去完了形の違いです。

日常会話で過去完了形を使うことはあまり多くありませんが、文章ではよく見かけます。過去形（did）と過去完了形（had done）の区別が理解できていない人が多いので、おさらいしておきましょう。

過去完了形は、過去に2つの出来事が起こったときに、古いほうの出来事を示すときに使います。ここでは、「私が駅に着いたとき、電車は出てしまっていた」という文を英語で考えてみましょう。

この状況では、先に「電車が出発し」、それから「私が駅に着いた」という時系列になるため、古いほうの出来事である「(電車が) 出た」を過去完了形の had left、「着いた」を過去形 arrived で表現します。

〈例〉「私が駅に着いたとき、電車はすでに出てしまっていた」と言うとき
When I arrived at the station, the train had already left.
(過去形)　(過去完了形)

同じ状況を、before や after を使って表現する場合は、どちらも過去形になります。
なぜなら、after や before があると、どちらが先かはっきりとわかるからです。

〈例〉Before I arrived at the station, the train left.
〈例〉After the train left, I arrived at the station.

ただし、whenを使い、どちらも過去形にすると、「電車が出た」のと「駅に着いた」のがほぼ同時だったことを表します。過去完了形had leftを使った文が表す状況と違うので注意しましょう。

〈例〉「私が駅に着いたとき、ちょうど電車が出発した」と言うとき
When I arrived at the station, the train left.

どんなときに受け身を使うのか

受動態は「be動詞＋過去分詞」で表す、と文法としては覚えていても、実際の使い方を知らないという人が多いようです。学校では能動態を受動態に置き換える練習をするだけで、どういうときに受動態の文を使うか、ほとんど説明しないからです。

では、どういうときに使うのでしょうか。

受動態は、その行為をした人物がだれかわからない場合や重要でない場合、あるいはあえてあいまいにしたい場合などに使われます。

たとえば、文法的には正しくても、次のような使い方はしないのです。

× The window was opened by me.（I opened the window. の受動態の文）

正しくは次の○印のように使い、×印のようには使いません。

〈例〉

○ The shipment was delivered this morning.（荷物が今朝、配達されました）

× Someone delivered the shipment this morning.

○ The staff meeting will be held tomorrow.

（明日スタッフミーティングが開かれます）

× Someone will hold the staff meeting tomorrow.

「〜してもらう」をうまく言えない日本人が多すぎる

「〜してもらう」という意味の使役動詞（have, get）は会話で頻繁に使われますが、英語でうまく使えない人が多いので、注意しましょう。

たとえば、美容室でカットしてもらったことをI cut my hair. と言う人がいますが、それは間違いです。なぜなら、カットしたのは美容師であって、自分ではないからです。

英語では人に頼んだり、お金を支払ったりして、何かをしてもらうときにはhaveまたはgetを使い、「have/get＋物＋過去分詞」という形にします。


〈例〉「昨日（美容院で）髪を切った」と言うとき
○ I had my hair cut yesterday.
× I cut my hair yesterday.

〈例〉「車を修理しなければならない（自分が修理するのではなく、修理してもらわなければならない）」と言うとき

○ I have to get my car repaired.
× I have to repair my car.

「あなたに会えた」は「could」だと間違い

学校英語ではcouldをcanの過去形として教えられるため、単純に「〜できた」という日本語で覚えている人が多いと思います。しかし、couldを「〜できた」という意味で使うのは「過去の能力」を示すときだけなので要注意です。

〈例〉I could run very fast when I was a student.
（学生の頃、足がとても速かった）

それ以外の場合は、couldは「〜かもしれない」という意味で、現在あるいは未来の「可能性」を表します。

〈例〉

A：Do you have time to stop by later?

（後でちょっと寄ってもらう時間はある？）

B：I'm afraid I'm a bit busy today, but I could see you tomorrow.

（あいにく今日はちょっと忙しいな。でも、明日なら会えるかも）

では、「あなたに会えた（会うことができた）」は、英語でどう表現すればいいのでしょうか？

次の例のように、「過去のある時点でたまたまできたこと」については could は使えず、was/were able to を使います。

〈例〉I was able to see you before you left.（あなたが出発する前に会えた）

しかし、「過去においてたまたまできなかったこと」については couldn't が使えます。

ややこしいですが、英語とはそういうものだと理解するしかありません。

〈例〉I <u>couldn't</u> see you before you left.

（あなたが出発する前に会うことができなかった）

a と the を区別できますか?

日本語には冠詞がないため、その概念が理解しにくく、a と the の区別は日本人にはやっかいな文法の一つです。学校英語では重要視されていないので、最低限の説明しかされません。どう違うのか説明しましょう。

不定冠詞 a、an は「特定していない、数えられる単数名詞の一つ、一人」を意味します。一方、定冠詞の the は「特定できる名詞」に使います。

もっとわかりやすくいうなら、話し手と聞き手がどちらも、何について話しているかわかっているときには、the を使います。

〈例〉ペン立てにペンが1本入っていて、そのペンを借りたいというときは、どのペンかが特定できるので、the を使い、the pen と言います。

Can I use the pen?（ペンを借りてもいいですか）

一方、ペン立てに複数のペンが入っていて、そのうちの1本だけ借りたいというときは、どのペンかを特定できないため、不定冠詞の a を使い、a pen と言います。

Can I use a pen?（ペン1本を借りてもいいですか）

たとえば、あるビルのなかにいて、お手洗いの場所を知りたいとき、次のように聞きます。

〈例〉Excuse me, where is the restroom?（すみません、お手洗いはどこですか）

ここで定冠詞 the を使う理由は、話し手がいる場所から最も近いお手洗い（＝the nearest restroom）だということを、話し手も聞き手も暗黙の了解で理解できるからです。a restroom だと「お手洗いならどこでもいい」という意味になってしまいます。

では、「私は駅の近くのマンションに住んでいます」は何と言うでしょうか？

駅は「私が住んでいる街の駅」ということで特定できますから、the station となりますが、駅の近くにマンションが複数ある場合には、どのマンションかを特定できないので、an apartment を使います。

〈例〉I live in an apartment near the station.

（私は駅の近くのマンションに住んでいます）

関係代名詞の使い方に気をつけよう

日本語には関係代名詞のような使い方がなく、苦手意識のある人が多いようです。少し詳しく説明しましょう。

関係代名詞の英文には、その前後にコンマがあるものとないものとがあり、「コンマ＋関係代名詞」を継続用法、コンマのないものを限定用法といいます。その違いが何かわかりますか？

実は、コンマの有無で意味している状況が変わってくるのです。次の2つの文を見てください。

〈例文1〉「The climbers who climbed to the top of the mountain were very tired.
〈例文2〉「The climbers, who climbed to the top of the mountain, were very tired.

形のうえでの違いは、who と were の前にコンマがあるかないかだけです。しかし、片方は「登山者全員が山頂まで登って疲れた」という状況を示し、もう片方は「山頂まで登った登山者だけが疲れた」という状況を表しています。

では、「登山者全員が山頂まで登って疲れた」という意味の文はどちらでしょうか。

答えは、例文2の The climbers, who climbed to the top of the mountain, were very tired. です。

なぜ、そうなるのか、説明しましょう。

まず、例文1を見てください。この文では、関係代名詞 who 以下の climbed to the top of the mountain は、先行詞 the climbers を修飾しています。修飾することによって the climbers とはだれのことを指しているのかを明確にしています。

つまり、the climbers だけでは、どの登山者のことかがはっきりとはわかりませんが、the climbers を「山頂まで登った」と修飾することで、登山者を特定しているのです。

そのことから、特定されない登山者が他にいることが推測され、登山者全員が頂上まで登ったわけではないことがわかります。

〈例文1〉The climbers who climbed to the top of the mountain were very tired.

（山頂まで登った登山者たちは、すっかり疲れてしまった）

一方、例文2ではwho climbed to the top of the mountainがコンマでくくられています。英文では、コンマでくくった部分はclimbersを修飾するのではなく、直前の名詞（先行詞）についての情報の追加として挿入されています。

つまり、この例文では、先行詞the climbersを明確にするのではなく、the climbersについての情報を追加するために、who climbed to the top of the mountainが使われているので、どの登山者が登頂したのか、あらかじめわかっていることを意味します。そのため、登山者全員が頂上に登ったのだと理解できるのです。

〈例文2〉The climbers, who climbed to the top of the mountain, were very tired.

the climbersについての情報の追加

（登山者たちは山頂まで登った。そのため、すっかり疲れてしまった）

コンマありの文とコンマなしの文、違いがわかったでしょうか。理解を深めるために、別の例文を挙げてみます。

次の2つの文は、どちらかが間違っています。どちらが正しいでしょうか？

〈例文3〉Last year, I visited Canberra which is the capital of Australia.
〈例文4〉Last year, I visited Canberra, which is the capital of Australia.

正しいのは、例文4です。なぜ、例文3が間違っているかというと、キャンベラという都市はオーストラリアにしかないのに、まるで世界のあちらこちらにキャンベラという都市が存在しているかのように、which is the capital of Australiaで先行詞Canberraを修飾しているからです。

一方、例文4は、相手が「オーストラリアの首都はシドニーだ」と勘違いしている可能性もあるため、which is the capital of Australiaと付け加え、キャンベラについての情報を追加しています。

なお、コンマ付きの関係代名詞を使うときは、thatを使うことはできないので、注意しましょう。

第二節　コミュニケーションで注意すべき表現

そのまま英訳すると相手を怒らすことも!

日本文から英文に訳そうとすると、ヘンな表現になることがあります。ここでは英訳するとまったく逆の意味になる例を挙げてみましょう。

状況：英語の研修。Aはアメリカ人の講師で、Bは日本人の受講生。受講生のBが課題をしてこなかったように見えたため、講師のAが確認する。

↓日本人がする典型的な間違い

A：You didn't do your homework.

B：Yes. I'm sorry.

A：???

このBの日本人のセリフに、決定的な間違いがあるのがわかりますか？

日本人の英語に慣れていないネイティブには、この間違いが理解できません。そして、この間違いは初心者なら100人中100人が間違い、英語がかなりうまくなった人でも、うっかり間違ってしまうやっかいなものです。

Bの間違いはYes. と言ったことです。Yes. はYes, I did. という意味ですから、「課題をした」ことになります。しかし、その後でI'm sorry. と謝っているので、課題をしなかったように聴こえ、アメリカ人講師は混乱してしまうのです。

これは英語のyes、noと日本語の「はい」、「いいえ」の答え方の違いからくる間違いです。

英語では、前の文で使われた動詞に対してyes、noを決めます。もし、「課題をしなかった」のであれば、以下のどの英文に対してもnoと答えるのです。

Did you do your homework?
Didn't you do your homework?
You didn't do your homework.

一方、日本語の「はい」「いいえ」の答え方は英語と違い、「はい」は「あなたが言ったことは正しい（= You're right.）」、「いいえ」は「あなたが言ったことは間違っている（= You're wrong.）」を意味します。

そのため、日本語では「課題をやってこなかったのですね」という質問に対し、「はい（=あなたの言ったことは正しい）」が正しい答え方になります。この日本語の習慣に合わせてyesと言ってしまうと、英語表現としてはまったく逆の意味になってしまうのです。

日本に長く住んでいるネイティブであれば、この典型的な日本人の間違いには慣れていますが、日本人の英語になじみがないネイティブは混乱するばかりです。むずかしい単語がわからないのは理解できても、どうしてyes、noのような簡単な単語の使い方を間違えるのか理解に苦しむのです。

↓正しい会話

A：You didn't do your homework.

B：No. I'm sorry.

日本人が英語の否定文に対するyes, noの答え方を正確にできるようになるまでには、かなり時間がかかると思います。実は私も過去に間違って使ってしまい、あやうく人間関係を壊しそうになった苦い経験があります。

大学時代、バンクーバーでホームステイをしていたときのことでした。ホストマザーが夕食の準備をするのを手伝ったのですが、彼女は台所をかなり散らかしながら夕食の準備をしていました。そのことを気にしたのか、ばつが悪そうに私を見ながら、次のような会話をしたのです。なお、messyは「(ものを)散らかす」という意味です。

ホストマザー：Your mother isn't messy like me.

私：No!!

私は「いいえ！　私の母も散らかすほうよ」と言いたくて、Noを強調してしまったのですが、その瞬間、彼女の表情が急に険しくなったのです。それもそのはず、私は意に反して「もちろん！　私の母は、あなたのように散らかしたりしないわよ！」と、正反対のことを言ってしまったのです。

彼女の表情を見て、私は自分の間違いに気づき、慌ててYes! と言い直しました。そして、誤解を解くために、当時のつたない英語で、日本語と英語のyesとnoの違いを説明しなければならなかったのです。

では、こんな状況に陥らないようにするためには、どうしたらいいのでしょうか。

実は、この間違いを防ぐ方法があります。yes、noだけの答えを避けて、次のような文章で答えるのです。これで完全に誤解を防げますので、英語にまだ自信がない人は使ってみてください。

外国人：You're not Chinese.
日本人：I'm Japanese.
外国人：You don't live in Tokyo.
日本人：I live in Chiba.

日本人が頻繁に使う不自然な英語とは

日本語を英語に直訳すると、文法的には間違いがなくても、ネイティブにとっては不自然に感じる英文がありますので、紹介します。

↓日本人が言いがちな不自然な英語
A：What is your job?（お仕事は何をしていらっしゃいますか）

B：My company is Nippon Design.（私の会社は日本デザインです）

↓自然な英文

A：What do you do?（お仕事は何をしていらっしゃいますか）
B：I'm a designer.（私はデザイナーです）
A：Really? Where?（そうですか。どちらの会社ですか？）
B：I work for Nippon design. I'm responsible for creating office furniture.
（日本デザインです。オフィスの家具をつくっています）

初対面での典型的な会話ですが、日本人は日本語を直訳して英文にするため、不自然な表現になりがちです。ネイティブが使う一般的な英語表現を覚えておきましょう。

What do you do? は職業を尋ねる典型的な文です。日本人は職業を聞かれると、会社名を答えがちですが、よほどの大手企業でない限り、外国人がその会社名を知っているとは限りません。designer のような職業を表す言葉を使うか、「I work for ＋会社名」

を言ったあとに、何をしている会社なのか、付け加えるといいでしょう。仕事の内容を言うときによく使う表現としては、「I'm responsible for ～」「I'm in charge of ～」があります。

日本語では、最初に話題を表す言葉がくるので、my company や my job を主語にした英文を言いがちです。そうならないように、「人（I や you など）」を主語にした英語表現を日ごろから心がけるようにしましょう。

もう一つ、日本人がよく使う不自然な英語と、自然な英語を紹介します。

↓日本人が言いがちな不自然な英語

A：What is your hobby?（趣味は何ですか）

B：My hobby is tennis. / My hobby is playing tennis.（私の趣味はテニスです）

↓自然な英語

A：What do you like to do in your spare time?

B：I like playing tennis. / I enjoy playing tennis. / I play tennis on the weekend.

前者の不自然な英語は、自然な言い回しを知らない、いかにも中学校の英作文といった感じがしませんか？　My hobby is ～. は中学校で習う文ですが、実際には I like doing あるいは I enjoy doing のような言い方をします。また趣味を尋ねる英語表現、What do you do in your spare (*or* free) time. も覚えておきましょう。

日本語に相当する英語の表現がない？

英語には、日本語の「いただきます」「ごちそうさま」といった食事の前や後に言う決まった表現がありません。そういう習慣がないのですから、英語に直訳しようとしても無理があります。このような例はいくつもあります。

たとえば、日本人があいさつとしてよく使う「よろしくお願いします」「いつもお世話になっております」という表現ですが、これは日本語特有のもので、英語にはこうした表現はありません。ですから、英語に訳すこと自体が不自然なのです。

とくに「いつもお世話になっております」は、仕事上のあいさつとしてしょっちゅう使いますが、英語にそのようなあいさつ表現はありません。強いて表現するとすれば、次のようになります。

Thank you for doing business with us.
（弊社と取引していただき、ありがとうございます）

また、新しく入社した会社の同僚に「よろしくお願いします」と言うのであれば、「気持ち」を訳して、次のように伝えることもできます。

I'm looking forward to working with you.
（あなたといっしょに働けるのを楽しみにしています）

偉そうに依頼する人が多すぎる

だれかにモノを頼むときの英語表現として、Please ～ / Can you ～? / Will you ～? / Could you ～? / Would you ～? / Would you mind ～? といった表現を学校で習いますが、このなかには命令に近いニュアンスのものがあり、場合によっては失礼に聞こえることもあるので注意が必要です。

命令に近い表現としては、Please ～や Will you ～? があります。命令文に please を付けると命令口調が多少やわらぎますが、それでもきつい言い方に聞こえます。

ここでとくに注意したいのは、一般的に依頼表現と考えられている Will you ～? は、上司が部下に使うような命令口調の表現だということです。

〈例〉 Will you come in early tomorrow?

（きみ、明日の朝は早く出社してくれないかね）

それを知らずに、目上の人や上司にこの表現を使ったら、「なんて失礼な人だ」と思われてしまいます。

一般的に使われる依頼表現としては、Can you 〜?、Could you 〜?、Would you 〜?があります。いずれも疑問形なのは、相手に依頼内容を断れる余地を残すためです。

これらの依頼表現のうち、Can you 〜? より、Could you 〜? や Would you 〜? のほうがよりていねいな言い方になります。それ以上にていねいな表現としては Do you think you could 〜? や Would you mind 〜? があり、さらにていねいな表現になると、Could you possibly 〜? と言います。

しかし、頼み事の内容によっては、もっと控えめな表現を使うこともあります。たとえば、相手に「お金を貸してほしい」と頼みたいときには Could you 〜? のような直接疑問文で表現すると、あまりにもストレートな物言いになり、相手に有無を言わせない感じになってしまいます。この場合は、I wonder (*or* I was wondering) if you could lend me some money. のような間接疑問文で表現します。

このように、英語表現にもていねいな言い方があるのですが、学校ではそんなことは教えてくれません。しかし実際のビジネスの現場では、文法的な正しさよりも、相手に失礼でない表現を使うほうがはるかに重要なのです。

むやみに"Yes, you may"と言ってはいけない

相手に許可を求める表現に、May I～? があります。学校では、その答え方について何の説明もされないことが多いようですが、実際のネイティブの会話では気をつける必要があります。以下に説明しましょう。

次の会話を見てください。どこがコミュニケーション的にNGなのかわかりますか?

〈例〉見知らぬ人同士の会話

A：May I smoke?

B：Yes, you may. / No, you may not.

NGなのは、Yes, you may. あるいは No, you may not. という答え方です。

May I～？は許可を求めるていねいな表現なので、May I smoke? という疑問文は問

題ありません。しかし、may は相手に許可を与えるときに使う助動詞で、立場が上の人が使う表現なのです。

例文の場合、Yes, you may. / No, you may not. は「吸ってよろしい / 吸ってはいけません」と上から目線の表現になり、相手に対して失礼な言い方になってしまいます。ちょっとした言葉の使い方でニュアンスが違ってしまいますので、気をつけましょう。

次が正しい会話です。

〈例〉

A：May I smoke?

B：Sure. / Go ahead. / Of course.

なお、「タバコを吸ってほしくない」は、would rather と過去形を使って I'd rather you didn't(smoke). と表現します。would rather は2つの選択肢（ここではタバコを「吸う」と「吸わない」）を比べて「〜のほうがいい」という表現になります。

mustは「〜したい」という気持ちがあるときに使う

「〜しなければならない」と義務や必要性を言うとき、mustとhave toの2つの表現がありますが、学校ではその違いを教えないことが多いようです。しかし、状況によっては使い分けたほうがよいときもありますので、注意しましょう。

mustは「〜したい」という主観的な気持ちを込めて言うことが多く、have toは規則やルール、客観的な事実に関して言うときに使います。

〈例〉I think I'm getting fat. I must lose weight.（最近太ってきたのでやせなきゃ）

〈例〉I have to finish this report by 5:00.（5時までにこの報告書を仕上げなきゃ）

shouldは「〜すべき」という意味で使わない

日本人はshouldを「〜すべき」という意味で覚えていると思いますが、実際には

「～したほうがよい」と相手にアドバイスするときに should を使います。学校英語では「～すべき」という日本語訳で習うため、日本人はなかなか should を使いこなせません。

一方、「had better ＋動詞の原形」を「～したほうがよい」と習いますが、had better は後に続く動作をしないと問題が起こることを示唆するので、相手を脅すようなニュアンスに聞こえてしまいます。

たとえば、You should go. は「（あなたのために）行ったほうがいいと思います」という意味になりますが、You'd better go. には「行かないと大変なことになりますよ」というニュアンスが含まれます。したがって、You'd better ～は、使う状況にかなりの注意が必要です。

なお、had better は通常、You'd better のように短縮形を使い、You had better と言うことはほとんどありません。

〈例〉「マネージャーに相談しないと、やっかいなことになる」と言うとき

You'd better talk to the manager. If you don't, you'll be in trouble.

第三節　日本人が間違いやすい単語

come と go を混同している人が多い

日本人が間違いやすい英語表現に come と go があります。英語で「相手のところに行く」ことを表現するときは come を使うべきなのですが、go を使う人がとても多いのです。I'm coming. で「相手のほうに行く」という意味になるのです。I'm going. と言うと、どこか違う場所に行くのかと誤解されてしまいます。

「夕食の準備ができた」と呼ばれて、「いま行く」と言うときは、I'm coming. と言い、(シアトルにいる相手に向かって)「来月シアトルに行くので、ミーティングをセッティングできますか?」と相手に尋ねるときは、I'm coming to Seattle next month. Could we set up a meeting? と言います。

もう一つ、日本人が間違いやすい英語表現に go there と be there があります。相手に向かって「3時に伺います」と言うとき、次の英文のどちらが正しいと思いますか？

A：I'll be there at three.
B：I'll go there at three.

答えはAです。

go there at three は自分の場所を3時に出発することを意味し、相手の場所に3時に到着するという意味にはなりません。相手のいる場所に3時に到着すると言いたい場合には、be there を使います。

helpの使い方を勘違いしている人が多い

日本人がわかっているようでわかっていない英語表現に、help があります。例文を見てみましょう。

〈例〉「君の営業報告書の作成を手伝ってあげるよ」
○ I'll help you with your sales report.
× I'll help your sales report.

help の目的語には、手伝うモノではなく、人を表す単語を使います。そして手伝うモノを表す単語の前に with を使い、help you with your sales report と言います。

try to doは「〜してみる」ではない

日本人は「〜してみる」と言うとき、try to do を使いがちですが、一般的には try のみを使います。try to do を使うと、「それを実行するのはむずかしいかもしれないが、とりあえずやってみる」というようなニュアンスになるので、注意しましょう。

〈例〉「あの新しいショッピングモールに行ってみよう」と言うとき
○ Let's try that new shopping mall.

× Let's try to go to that new shopping mall.

また、「本社に電話してみます」と言いたいときは、try を使わず、I'll call the head office. と言います。本社に電話するのがむずかしい状況のときには、I'll try to call the head office. でかまいません。

〈例〉「本社に電話してみます」と言うとき
○ I'll <u>call</u> the head office.
× I'll try to call the head office.

「いま退屈だ」を「私は面白みに欠ける」と表現していませんか?

日本人が間違いやすい英語表現として、boring と bored があります。boring は「(人を) 退屈にさせる→退屈な、つまらない」、bored は「(人が) 退屈している、うんざりしている」という意味です。

多くの日本人は「退屈だ」と言うとき、I'm boring. と言いがちですが、これでは「私は面白みに欠ける（退屈な）人間だ」という意味になってしまいます。

〈例〉「私は退屈している」と言うとき I'm bored (× boring).

〈例〉「映画は退屈だった」と言うとき The movie was boring (× bored).

同じように、間違いやすい単語に interesting、interested があります。interesting は「（人に）興味・関心を引き起こす→興味深い、面白い」、interested は「（人が）興味を持った」という意味です。「自分が興味を持った」というときには I'm interested. と言います。I'm interesting. だと「自分は面白い（引き出しが多くて人の興味を引く）人間だ」という意味になってしまいます。

Are you OK? と言ってませんか?

日本人が間違えやすい英語表現に、ＯＫの使い方があります。提案や決定事項について「それでよろしいですか？」と相手の承諾や確認を取りたいとき、日本人はAre you OK? と言ってしまいますが、これは間違いです。

正しい表現は、Are you OK with that? または Is that OK with you? です。

ただし、体調などを心配して「大丈夫ですか？」と尋ねるときは、Are you OK? と言います。

〈例〉「会議を2時に始めたいのですが、よろしいですか？」と言うとき

○ I'd like to start the meeting at 2:00 p.m. Are you OK with that? (*or* Is that OK with you?)

× I'd like to start the meeting at 2:00 p.m. Are you OK?

「AでもBでもない」はnot A or B

日本人が間違いやすい表現として、not A or B と not A and B があります。

たとえば、「私はコーヒーも紅茶も飲まない」と言うとき、日本人はI don't drink coffee and tea. と言いがちですが、これは「コーヒーと紅茶、両方飲むわけではないが、片方は飲む」という意味になってしまいます。否定の動詞を使って、「AでもBでもない」と言うときには、andではなくorを使います。

〈例〉「私はコーヒーも紅茶も飲まない」と言うとき

○ I don't drink coffee or tea.

× I don't drink coffee and tea.

ですから、「私は肉も魚も食べない」と言うときは、I don't eat meat or fish. と表現します。

また、「私は昨日彼に会ってもいないし、話もしていない」と言うときは、I didn't see or talk to him yesterday. と言います。

by the wayの意外な盲点

日本人の多くは「ところで」と言うとき、by the wayを使いますが、実は英語と日本語では使う状況が違います。

日本語の「ところで」は、話の本題に入るときに使うことが多いですが、英語のby the wayは、それまで話していた話題から逸《そ》れたときや、たったいま思いついたことを話すときに使います。

〈例〉

Jim told me yesterday that he's got a new job in a bank. Oh, by the way, he's lost a lot of weight. Anyway, he seemed pretty happy with the job.

(昨日、ジムから銀行に就職したと聞いたわ。そういえば、彼ってすごくやせたわよ。とにかく、新しい仕事がかなり気に入っているようだったわね)

この章では、多くの日本人が間違えている（勘違いしている？）英語表現を中心に書いてきました。なぜ、それらの表現が間違っているのかがわかれば、すぐに正せることばかりですから、ぜひともこれを機に、覚えていただきたいと思っています。

(ポイント) 過去の事実と違うことを仮定するとき、英語ではif節に過去完了形（had done）を使います。if節の動詞は過去完了形、主節は「would/could + have + 過去分詞」を使います。

例文では、We didn't miss the train, so we weren't late for the meeting. という過去の事実と違うことを仮定しています。日本人は短縮形を使わずにif we had missedと言いがちですが、口語では常に短縮形を使います。なお、過去の事実と違うことを望むときにもwishを使い、動詞は過去完了形を使います。

食べすぎてしまい、後悔している状況で「あんなに食べなければよかった」という文は、I **wish** I **hadn't eaten** so much. となります。

B : I don't know. **If I knew** her cell phone number, I **could call** her.
（どうでしょう。彼女の携帯の番号を知っていたら、電話できるのですが）

（ポイント）現在の事実と違うことを仮定するとき、英語では過去形を使います。if節の動詞は過去形、主節は「would/could + 動詞の原形」を使います。例文では、I don't know Mary's phone number, so I can't call her. という現在の事実と違うことを仮定しています。

なお、現在の事実と違うことを望むときにはhopeでなくwishを使い、動詞は過去形を使います。たとえば、「彼女の電話番号を知っていたらよかったのに」はI **wish** I **knew** her phone number. となります。

㊹過去の事実と違うことを仮定する：If I had done~, I would/could have done …

A : I'm glad we got to the station in time to catch the train.
（電車に間に合うように駅に到着してよかった）

B : Yes. If we'**d missed** it（= If we **had missed** it), we **would have been** late for the meeting.
（ええ、もし、その電車に乗れなかったら、会議に遅れるところでした）

B : Yes, I was **so** tired **that** I fell asleep right away.
（はい、疲れていたので、すぐに眠りにつきました）

㊷実現可能なことを仮定する：If I do~, I will/can do…

A : I can't find my cell phone. Have you seen it?
（私の携帯電話が見当たらないのですが、見かけませんでしたか？）

B : No, but **if I find** it, **I'll tell** you.
（×If I will find）
（見ていませんが、見つけたらあなたに知らせますよ）

（ポイント）実現の可能性のあることを仮定する文は、if節の動詞は現在形、主節には通常「can/will + 動詞の原形」を使います。if節にwillを使うのは間違いです。なお、あることが確実に起こるときにはifではなくwhenを使います。たとえば、「明日、ロンドンに向けて発ちます。向こうに着いたら電話します」はI'm leaving for London tomorrow. I'll call you **when** I get there. が正しく、if I get thereは間違いです。

㊸現実と違うことを仮定する：If I did~, I would/could do…

A : Mary isn't here yet. Do you think she's coming?
（メアリーがまだ到着していませんが、来ると思いますか）

㊴目的格の関係代名詞を使って名詞の説明をする：who（m）/ that / which

A : Did you buy something at the bookstore?
（本屋で何か買いましたか？）

B : Yes, I found the book **that** I wanted.
（はい、ほしかった本を見つけました）

（ポイント）目的格の関係代名詞は、先行詞が「物」を表す名詞ならthatまたはwhichを使います。先行詞が「人」を表す名詞ならwhoまたはwhomを使います。学校英語ではwhomと教わったかもしれませんが、口語ではwhoで問題ありません。なお、目的格の関係代名詞は省略できます。

㊵「~すぎる」、「十分~だ」と言う：too~ to do, enough to do

A : This house is **too small** for us **to live** in.
（この家は、私たちが住むには狭すぎます）

B : Yes, and the garage is not **large enough to park** two cars in.
（ええ、それに2台の車を駐車するスペースがありません）

㊶原因と結果を1文で言う：so~ that…

A : Did you sleep well last night?
（昨夜はよく眠れましたか？）

(洋子と話している女性を知っていますか?)

B : Yes, she is one of the sales staff **hired** in July.

(ええ、彼女は営業スタッフとして、7月に雇われた一人です)

ポイント 動詞を使って「~している」と能動的な意味で名詞を修飾するときは、「現在分詞(doing)」を使います。一方、「~された」と受身的な意味で名詞を修飾するときは「過去分詞(done)」を使います。

「ドイツ車を輸入している会社」はa company **importing** German cars、「日本に輸入されたドイツ車」はGerman cars **imported** into Japanとなります。

㊳主格の関係代名詞を使って名詞の説明をする: who / that / which

A : Susan is late again!

(スーザンがまた遅刻だよ!)

B : I don't like people **who** are never on time.

(時間を守らない人を好きになれないわ)

ポイント 先行詞が「人」を表す名詞で、関係代名詞が主語の位置にあるとき、主格の関係代名詞whoを使います。先行詞が「物」を表す名詞ならthatまたはwhichを使います(thatのほうをよく使う)。

頻繁に使います。

㊱「ほとんどの～」と言う：most of them / all of them

A : Do you know these people?
（この方たちのこと、ご存じですか？）

B : I know **most of them,** but not **all of them.**
（ほとんどの方は知っていますが、知らない人もいます）

（ポイント）特定の集団について「～の全員、～のほとんど、～の多く、～の何人か、～の少し、～の中で１人も～でない」は、all of～、most of～、many of～、some of～、a few of～、none of～と言います。

また、mostとmost ofの違いも確認しましょう。mostには「ほとんどの」という意味があり、一般的なことを言うときには、**most** Japanese（ほとんどの日本人）、**most** children（ほとんどの子どもたち）のようにmostのみを使います。一方、特定の集団についていうときは、**most of** my friends（友人のほとんど）、**most of** the people in my department（私の部署のほとんどの人）のようにmost ofを使います。

㊲「～している人、～された人」と言う：the woman talking to Yoko、the sales staff hired in July

A : Do you know the woman **talking** to Yoko?

B : Thank you, but I don't speak **as well as** you do. Your English is much **better than** mine.
（ありがとうございます。でも、あなたほどうまく話せません。あなたのほうがずっと英語がお上手ですよ）

(ポイント)「AはBより～だ」のように、2人(2つ)を比較するとき、not as~as…（…ほど～でない）やbigger、more expensiveのような-erやmoreを使った比較級を使います。ただし、goodの比較級はbetterです。more betterという間違いが多いので、気をつけましょう。「Bより」はthan Bと言います。

㉟3つの物や人を比べる(最上級)：the most intelligent women

A : Do you know Ms. Carter?
（カーターさんをご存じですか?）

B : Yes. Actually, she's one of **the most intelligent** women that I've ever met.
（ええ。私がこれまで会ったなかで、最も聡明な女性の一人です）

(ポイント) 3人（3つ）以上の人・物を比較して「最も～だ」というとき、the biggest、the most expensiveのような「the＋形容詞/副詞＋-est」または「the most＋形容詞/副詞」を使った最上級で表します。論理的に考えるとおかしいのですが、英語では上記の例文のように「one of＋the 最上級」という形も

（それほど荷物はありません。スーツケース1つと機内持ち込み用のバッグ1つです）

(ポイント) luggage（〈旅行用の〉荷物）は不可算名詞でmuchといっしょに使います。可算名詞ではないのでmanyは使えません。同じカバンでもsuitcaseやcarry-on（機内持ち込み用荷物）は可算名詞なので、数字やmanyといった単語と共に使えます。

㉝「~することは簡単だ」と言う：It is easy to ~

A：How do you like your new job?
（新しい仕事はどうですか）

B：I like it very much. Everyone is very nice, and **it's easy to make friends.**
（とても気に入りました。みんな、いい人ばかりで、すぐに友だちになれそうです）

(ポイント)「It is + 形容詞 + to do」で「~することは…（形容詞）だ」という文です。形容詞にはeasyの他に、difficult、expensive、important、nice、possible、impossibleなどの単語を使います。

㉞2つの物や人を比べる（比較級）：not as well as、better

A：You speak good English.
（英語がお上手ですね）

B : Yes, I **enjoyed camping** with my colleagues.
(はい、私は同僚といっしょにキャンプを楽しみました)

(ポイント) enjoyは後に動名詞（doing）を伴います。他にも、finish、mind、stop、suggestがあります。

㉛「~することが好きだ」と言う: I like to do / I like doing

A : What do you **like to do** in your free time?
(暇なとき、何をするのが好きですか?)

B : I **like jogging** in the park.
(公園でジョギングするのが好きです)

(ポイント) likeは後にto不定詞、あるいは動名詞(doing)を伴います。どちらを使っても意味は変わりません。他にも、好き嫌いを表す動詞love、prefer、hateや、動作の開始を表す動詞begin、start、continueがあります。

㉜2種類の名詞を使い分ける: 可算名詞と不可算名詞

A : Are you going to take much **luggage** with you on your business trip?
(出張にはたくさん荷物を持っていくのですか?)

B : Not much. Just one **suitcase** and one **carry-on.**

㉘「～がある」と言う：There is / There are

A : **Is there** a bank near here?
（この近くに銀行はありますか）

B : Yes, **there's** one on the corner.
（はい、角に1軒あります）

ポイント 特定していない名詞を指して、「～が…にある」というときに、There is/There are～の文を使います。○○銀行のような固有名詞や特定の名詞には使えないので、注意しましょう。

○ ABC Bank is on the corner.

× There is ABC Bank on the corner.

㉙「～したい」と言う：I want to do

A : What do you **want to do** about dinner?
（夕食はどうしたい？）

B : I don't **want to cook** tonight. I **want to eat** out.
（今晩は料理をしたくない。外食したいわ）

ポイント wantは後にto不定詞を伴います。ほかにも、decide、hope、learn、needがあります。

㉚「～して楽しんでいる」と言う：I enjoy doing

A : Did you have a nice weekend?
（楽しい週末でしたか？）

-esや過去形の-edも肯定文と同様に使います。

㉕第三者が言ったことを報告する: She said that ~

A : Have you seen Lisa lately?
(最近リサに会いましたか)

B : No, but I talked to her on the phone yesterday. **She said she was** enjoying **her** new job.
(いいえ、でも昨日彼女と電話で話しました。新しい仕事を楽しんでいると言っていましたよ)

㉖目的を言う: to do

A : Why did you leave work early yesterday?
(昨日はなぜ〈会社を〉早退したのですか)

B : I had to go to the airport **to pick up** my parents.
(両親を迎えに空港に行かなければならなかったのです)

㉗天気について話す: It is raining.

A : Did you bring your umbrella? **It's raining.**
(傘を持ってきましたか。いま雨が降っていますよ)

B : No, I didn't watch the weather report this morning.
(いいえ、今朝は天気予報を見なかったのです)

なく、声に出して覚えてしまいましょう。

㉒「~られる、~られた」と言う: be done

A : When will the sales meeting **be held**?
（営業ミーティングはいつ開かれますか?）

B : It **was** originally **scheduled** for Wednesday, but it's **been postponed** until Friday.
（会議は当初、水曜日に予定されていましたが、金曜日に延期されました）

㉓「~してもらった」と言う: I had it done

A : Is the copy machine working now?
（もうコピー機はきちんと動いていますか）

B : Yes, we **had it repaired** this morning.
（はい、今朝修理してもらいましたから）

㉔疑問文を別の文に埋め込んだときの表現: Do you know where he lives?

A : Do you know **where Jim lives**?
（ジムの家の場所を知ってる?）

B : Sorry, I don't.
（すみません、わかりません）

（ポイント）Where **does** he live? のような疑問文を他の文に入れ込むと、疑問文に使われるdo、does、didは省かれ、肯定文と同じように「主語＋動詞」の順になります。三人称単数の-s、

(ポイント) 人を誘うときには、「Would you like to + 動詞の原形 ~?」を使います。これよりくだけた表現は、「Do you want to + 動詞の原形 ~?」となります。

⑳ 申し出る: Would you like me to~?

A : **Would you like me to** turn on the air conditioner?
(エアコンをつけましょうか?)

B : Thank you. That would be great.
(ありがとう。そうしていただけると助かります)

(ポイント) 相手のために何かしてあげようと申し出るとき、「Would you like me to + 動詞の原形 ~?」を使います。これよりくだけた表現は、「Do you want me to + 動詞の原形 ~?」です。

㉑ 目的語を２つ取る動詞: give me your e-mail address

A : Could you **give me your e-mail address**?
(メールアドレスを教えていただけますか?)

B : Sure. Here's my business card.
(もちろん。これが私の名刺です)

(ポイント) bring、buy、give、lend、send、showのような動詞は目的語を２つ取れます。目的語の位置は決まっていて、「動詞 + 人 + 物」の順になります。この順番は理屈で覚えるのでは

B : Yes, I think you **should**. It looks good on you.
（はい、買ったほうがいいと思います。よく似合いますよ）

⑰依頼する: Could you~?

A : **Could you** help me with this report?
（この報告書を手伝ってもらえますか?）

B : Sure. No problem.
（もちろん、いいですよ）

⑱許可を求める: May I~?

A : (On the phone) **May I** speak to Mr. Brown, please?
（〈電話で〉ブラウンさんをお願いします）

B : I'm afraid he isn't at his desk at the moment. Can I take a message?
（あいにく席をはずしております。伝言を承りましょうか?）

⑲誘う: Would you like to~?

A : **Would you like to** go to a movie on Friday night?
（金曜日の夜に映画を見に行きませんか?）

B : Yes, I'd love to.
（ぜひ行きたいです）

（今朝から何も食べていません）

B：You **must be** starving.

（それでは、すごくお腹が空いていることでしょう）

(ポイント) 現在の事実について推測するとき、確信の度合いが95％以上なら「~に違いない」という意味のmustを使います。確信の度合いが50％以下なら、may、mightを使います。

⑮未来の出来事を予想する：I may do / I might do

A：Where are you going for your summer vacation?

（夏休みはどこに出かける予定ですか？）

B：I'm not sure. I **might go** to Canada.

（まだ、わかりません。カナダに行くかもしれません）

(ポイント) 実現可能性が50％以下だと予想するとき、助動詞may、mightを使います。mightは形のうえではmayの過去形ですが、未来を予想するときに使います。mayとmightに大きな意味の違いはなく、どちらを使っても大丈夫です。

⑯アドバイスをする、アドバイスを求める：You should do / Do you think I should~?

A：Do you think I **should buy** this jacket?

（このジャケットを買ったほうがいいと思いますか？）

（絶対、気に入りますよ）

⑫能力や可能性を言う：I can do

A：**Can** you **come** to our party tonight?
（今夜、私たちのパーティに来られますか？）

B：Yes, of course. I **can come** to your house at around seven.
（もちろん、行きますよ。7時頃、伺います）

（ポイント）canはI **can speak** three languages.（私は3カ国語を話せます）のように、能力を言う場合にも使います。ただし、旅行中、英語を話せる人を探すときにはcanを使わずにDo you speak English? と尋ねるのが一般的です。

例文のcome to your houseのように、英語では相手のほうに行くとき、goではなくcomeを使うので注意しましょう。

⑬義務を言う：I have to do

A：Can you go out for a drink with us after work?
（仕事が終わったら、私たちといっしょに飲みに行けますか？）

B：I'm sorry I can't. I **have to work** late tonight.
（ごめんなさい、無理なのです。今夜は残業しなければならないんです）

⑭確信を持って言う：You must be

A：I haven't eaten anything since this morning.

A : Did you give the report to the manager?
(報告書をマネージャーに渡してくれた?)

B : No. When I got back to the office, he'**d** already **gone** home.
(いいえ、私がオフィスに戻ったとき、もう帰宅した後だったの)

❾予定を言う: I am doing

A : What **are** you **doing** on Friday afternoon?
(金曜日の午後に何か予定が入っている?)

B : I'**m having** a meeting with the sales manager at two.
(2時に営業部のマネージャーとミーティングの予定です)

❿意志や決意を言う: I am going to do

A : What are you doing this weekend?
(今週末は何をする予定ですか?)

B : I'**m** just **going to stay** home and **relax.**
(家でのんびり過ごそうかと思っています)

⓫予想を言う: I will do

A : Do you think my wife **will like** this necklace?
(家内はこのネックレスを気に入ってくれると思いますか?)

B : I'm sure she'**ll love** it.

は現在完了形を使います。動作についてはhave been doingで表しますが、状態を表す動詞(know、be、haveなど)は進行形にならないので、「have+過去分詞(done)」を使います。ただし、workとliveはどちらでも使えます。Cの例文はHow long **have** you **worked** in Sales? と言うこともできます。

❻すでに起こったことを言う: I have done

A : **Have** you **met** the new boss yet?
(新しい上司にはもう会いましたか?)

B : No, not yet.
(いいえ、まだ会っていません)

❼過去の経験を言う: I have done

A : **Have** you ever **been** to the New York office?
(今までにニューヨークのオフィスに行ったことはありますか?)

B : Yes, **I've been** there three times.
(はい、3回行ったことがあります)

(ポイント) 英語では過去の経験を言うとき、過去形ではなく現在完了形を使います。なぜなら、英語の過去形はyesterday、last month、ten years agoのような、過去の特定の期間しか表現できないからです。

❽時間差がある過去の出来事について言う: I had done

years ago.
(5年ほど前にエンジニアとして働き始めました)

❹過去のある時点で進行中だった動作を言う：I was doing

A : What **were** you **doing** at three yesterday?
(昨日の3時に何をしていましたか？)

B : I **was making** a presentation at the board meeting.
(役員会でプレゼンテーションをしていました)

❺過去から現在までずっと続けていることを言う：I have done / I have been doing

A : Do you know Ms. Carter well?
(カーターさんをよくご存じですか)

B : Yes. **I've known** her since we did an MBA together.
(はい、一緒にMBAを取得した仲で、よく知っています)

C : How long **have** you **been working** in Sales?
(営業部で働き始めて、どれくらい経ちますか？)

D : For almost ten years.
(もう少しで10年が経ちますね)

(ポイント) 過去から現在まで続いている動作や状態を言うとき

巻末では、とても重要な文法を使った英語表現を紹介します。これらの表現を使いこなせるようになれば、日常会話で基本的なコミュニケーションが可能になります。

文法は数学の公式と同じで、単語を入れ替えることで英会話の可能性が広がります。これらの英語表現を繰り返し音読し、すっかり頭に入るくらいに覚えましょう。あとは応用しだいで自由に会話ができるようになります。

❶現在の習慣・状態を言う：I do

A : What **do** you **do**?

（お仕事は何をされていますか？）

B : I **work** for a marketing company.

（マーケティングの会社に勤めています）

❷いま、している動作を言う：I am doing

A : (On the phone) What **is** Steve **doing**?

（〈電話で〉スティーブは何をしているの？）

B : He'**s talking** to a customer on the other phone.

（お客さんからの電話に出ているよ）

❸過去の出来事を言う：I did

A : When **did** you **join** the company?

（入社はいつですか？）

B : I **started** working as an engineer about five

巻末付録

音読して覚えると便利！
44の英語表現

あとがき

この本を最後まで読んでくださり、本当にありがとうございます。心から感謝いたします。

「年齢なんて関係ない！　もう一度英語に挑戦しよう！」

「ＮＨＫの語学講座を聴き始めよう！」

「ペーパーバックにチャレンジしてみよう！」

私はこの本が皆さんの新たな行動を起こすきっかけとなることを、心から願っています。

私が携わってきた企業の英語研修で出会う方々はみな優秀で、ご自分のフィールドで活躍されている方ばかりです。ところが、こと英語となると苦手意識やコンプレックスを持っている方が少なくないのです。この本を手に取られた皆さんもおそらく同じでしょう。学生時代にあれだけ多くの時間を英語に割いたのに「全然英語がしゃべれない」「自分は語学のセンスがゼロなのだ」と諦めてしまうのです。

しかし、中学・高校で6年間学習しても英語が口に出てこないのは、訳読中心の英語教育を受けてきたからです。皆さんの責任ではありません。

いまさら文科省の英語教育のお粗末さを責めても何の解決にもなりません。昔の悪い習慣はきっぱり忘れて、心を新たに正しい方法で再度英語に取り組むことこそが、皆さんにとって最善の道となるはずです。

本書で私がおすすめする「音読・多読・英語表現を覚える」を毎日繰り返し、習慣にしましょう。英語はスポーツやお稽古事と同じです。毎日続けること。これが上達する唯一の方法なのです。

英語を使えるようになると、日本語だけの世界とは比べものにならないほど大きな世界が広がっていろんなことが実感できます。ネットで、英語でアクセスできる情報量を考えてみても一目瞭然です。英語というドアを開けるだけで、そこには無限の可能性に満ちた世界が広がっています。そして、そのドアの鍵はだれもが持っています。ただし、簡単に開く鍵ではありません。諦めてしまう人が多いのも事実です。

しかし、思い切ってドアを開けてみてください。思ってもみなかったような、さらなる可能性に挑戦できることがわかるでしょう。

「もう40歳だし、英語なんて……」と考えるのは今日でやめにしませんか？

時計の針を戻して、もう一度高校や大学生活を送ったり、若い頃のようなスピードで100メートル走を走ったりすることはできません。

しかし、英語は40歳から始めても十分間に合います。

いいえ、英語を始めるのは40歳からがいいのです！　私はそれをお伝えしたくてこの本を書きました。

皆さんには、英語でコミュニケーションをとる楽しさを通して、お仕事に、プライベートに、いっそう輝いていただきたいと心から願っています。

2011年7月

菊間ひろみ

著者略歴

菊間ひろみ《きくまひろみ》

茨城大学人文学部人文学科英文科卒業（英語学専攻）。ロータリー財団奨学生として米国ペンシルバニア州立大学の大学院でTESL（第二言語としての英語教授法）を学ぶ。現在は大手企業で英語の研修をはじめ、株式会社オーティーシーの主任コーディネーターとしてTOEIC教材の開発、大手企業や大学向けにTOEIC及び英会話の研修を担当。著書に『新テスト対応!! これだけ! TOEICテスト総合対策初めて～650点』『でる順! 新TOEICテスト英単語』『これだけ! TOEICテスト リスニング対策』（以上、あさ出版）など多数。

幻冬舎新書 223

英語を学ぶのは40歳からがいい
3つの習慣で力がつく驚異の勉強法

二〇一一年七月三十日 第一刷発行
二〇一一年十月三十一日 第六刷発行

著者 菊間ひろみ
発行人 見城徹
編集人 志儀保博
発行所 株式会社 幻冬舎
〒一五一-〇〇五一 東京都渋谷区千駄ヶ谷四-九-七
電話 〇三-五四一一-六二一一(編集)
〇三-五四一一-六二二二(営業)
振替 〇〇一二〇-八-七六七六四三
ブックデザイン 鈴木成一デザイン室
印刷・製本所 株式会社 光邦

Printed in Japan ISBN978-4-344-98224-6 C0295
き-2-1
幻冬舎ホームページアドレス http://www.gentosha.co.jp/
*この本に関するご意見・ご感想をメールでお寄せいただく場合は、comment@gentosha.co.jp まで。

幻冬舎新書

晴山陽一
英語ベストセラー本の研究

戦後60年にわたるミリオンセラー級の英語学習本を徹底研究。それらのエッセンスを集約してみると、日本人の英語学習にもっとも必要なもの、足りないものが何であるのかが見えてくる!!

伊藤真
なりたくない人のための裁判員入門

一生のうちで裁判員に選ばれる確率は約六五人に一人。裁判の歴史から、刑事裁判の基本原則、裁判員の役割まで、Xデーを迎える前に知っておくべきことを、法教育のカリスマが熱く分かりやすく解説。

小山薫堂
考えないヒント
アイデアはこうして生まれる

「考えている」かぎり、何も、ひらめかない——スランプ知らず、ストレス知らずで「アイデア」を仕事にしてきたクリエイターが、20年のキャリアをとおして確信した逆転の発想法を大公開。

本田直之
レバレッジ時間術
ノーリスク・ハイリターンの成功原則

「忙しく働いているのに成果が上がらない人」から「ゆとりがあって結果も残す人」へ。スケジューリング、ToDoリスト、睡眠、隙間時間etc.最小の努力で最大の成果を上げる「時間投資」のノウハウ。